CW01665861

INCROYABLE HISTOIRE

INCROYABLE HISTOIRE

Larousse Jeunesse

Édition originale
Copyright © 2021 Dorling Kindersley Limited
A Penguin Random House Company
Première publication en 2022 en Grande-Bretagne
Par Dorling Kindersley Limited
DK, One Embassy Gardens, 8 Viaduct Gardens,
London, SW11 7BW
Titre Original : *Incredible History*

Responsables de l'édition : Sam Kennedy, Anna Streiffert Limerick
Responsable artistique : Sheila Collins
Équipe éditoriale : Michelle Crane, Camilla Hallinan, Georgina Palffy, Justine Willis
Équipe design : Mik Gates, Rachael Grady, Jim Green, Beth Johnston, Kit Lane, Gregory McCarthy
Illustrateurs 3-D : Art Agency (artistes : Barry Croucher, Jean-Michel Girard), illustrateurs partenaires : Angelo Rinaldi, Gary Hanna, KJA Artists, Arran Lewis, Peter Bull Art Studio, SJC Illustration, Sofian Moumene
Iconographe : Sarah Hopper
Retouches artistiques : Steve Crozier, Stefan Podhorodecki
Directeur de la rédaction : Francesca Baines
Directeur artistique : Philip Letsu
Responsable de la production : Jacqueline Street-Elkayam
Contrôle de la production : Sian Cheung
Responsable artistique de couverture : Suhita Dharamjit
Responsable de la conception PAO : Harish Aggarwal
Coordinateur des couvertures : Priyanka Sharma-Saddi
Concepteur de la couverture en Grande-Bretagne : Akiko Kato
Responsable du développement du design de couverture : Sophia MTT
Éditeur : Andrew Macintyre
Directeur artistique : Karen Self
Directeur associé de la publication : Liz Wheeler
Directeur de la publication : Jonathan Metcalf

Contributeurs : Ian Fitzgerald, Lizzie Munsey, Rona Skene

Consultants spécialisés : Dr Maria Fernanda Boza Cuadros ; Danièle Cybulskie ; Dr Sona Datta ; Dr Vivian Delgado ; Dr Dydia DeLyser ; Professor Peter Doyle ; Professor Joann Fletcher ; Paul Greenstein ; Dr Piphal Heng ; Katharina Hersel ; Francisco Torres Hochstetter ; Stephen Kay, FSA ; William Lindesay, OBE ; Professor Lloyd Llewellyn-Jones ; Tim Maltin ; Dr David Petts ; Michael H. Piatt ; Dr Martin Polkinghorne ; Dr Natasha Reynolds ; Professor Michael Scott ; Dhananajaya Singh ; Christine C. Spiller ; Dr Stephen Turnbull ; Professor Stephanie Wynne-Jones ; Marie Kesten Zahn

Édition française
©Larousse, 2022
21 rue du Montparnasse – 750006 Paris

Direction de la publication : Sophie Chanourdie
Adaptation française : Pascal Prévot
Conception graphique de couverture : Mélissa Chalot
Mise en pages : Sylvie Fécamp

ISBN : 978-2-03-598250-6
Dépôt légal : août 2022
331155-01 / 11050248 – avril 2022

Imprimé en Slovaquie

Ventes interdites au Québec

Tous droits réservés.
Aucune partie de ce livre ne peut être reproduite, stockée ou transmise par quelque moyen électronique, mécanique, de reprographie, d'enregistrement ou autres que ce soit, sans l'accord préalable des ayants droit.
Conforme à la Loi n° 49-956 du 16 juillet 1949 sur les publications destinées à la jeunesse, modifiée par la Loi n° 2011-525 du 17 mai 2011.

Pour les esprits curieux
www.dk.com

SOMMAIRE

VOYAGE DANS LE TEMPS

Depuis la cité romaine ensevelie de Pompéi en Italie jusqu'au vaste complexe de temples d'Angkor au Cambodge, le monde fourmille d'indices sur les secrets du passé. Ce livre explore quelques-uns de ces sites extraordinaires et ce qu'ils peuvent nous dire des hommes qui nous ont précédés.

4. Le naufrage du *Titanic*
Depuis son naufrage le 15 avril 1912, le paquebot *Titanic* gît au fond des eaux glacées de l'Atlantique nord par environ 3 800 mètres de fond.

1. L'île de Pâques
Cette île de l'océan Pacifique, aujourd'hui chilienne, est célèbre pour ses statues gigantesques dressées sur ses versants volcaniques.

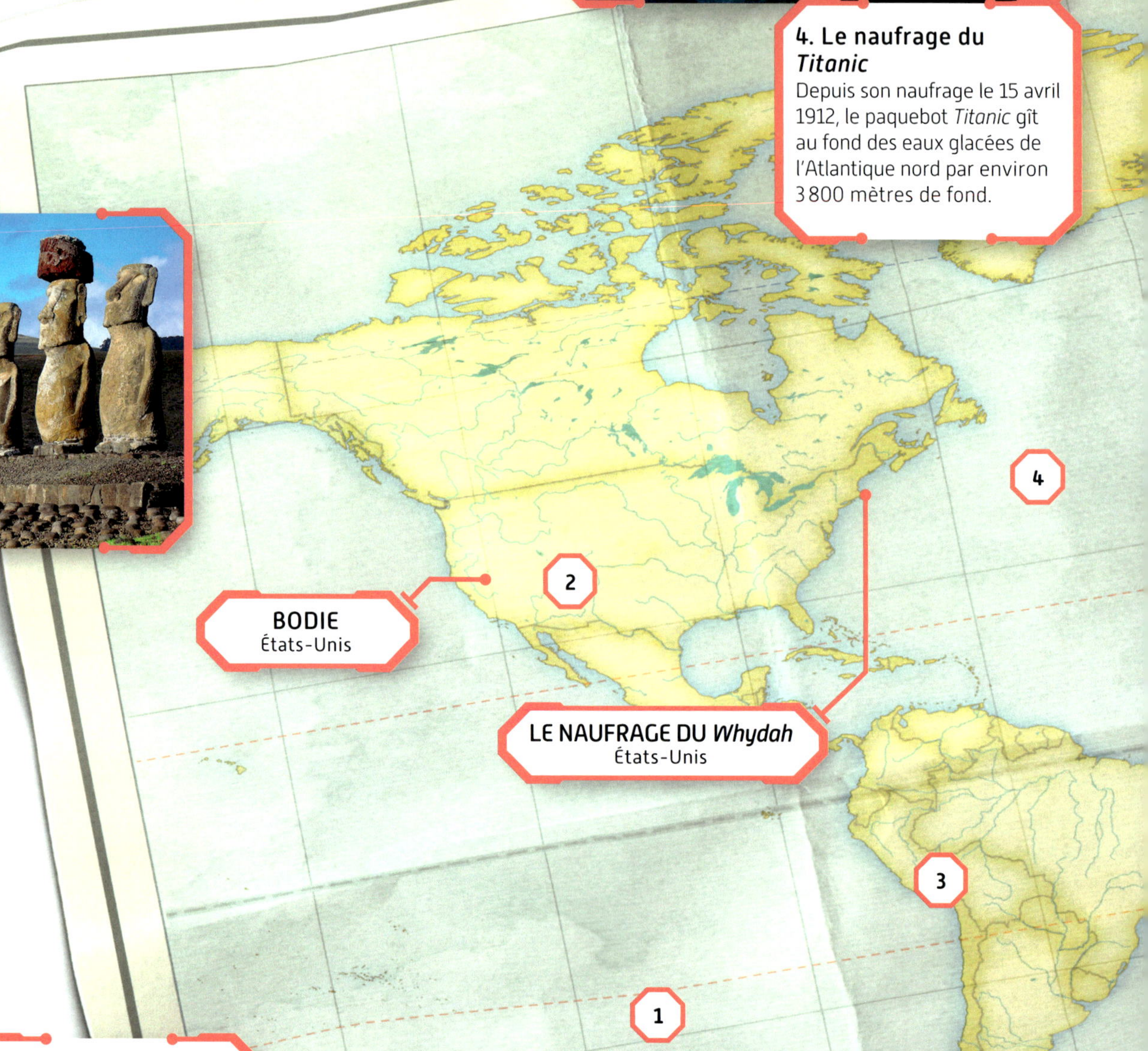

2. Spruce Tree House
Les villages pueblos de Mesa Verde sont nichés dans des cavités au fond des canyons du sud-ouest des États-Unis.

3. Machu Picchu
Les montagnes des Andes au Pérou abritent cette cité inca qui fut un palais royal ou un centre religieux.

5. Le château de Bonaguil
Au sud-ouest de la France, les murailles du château de Bonaguil s'élèvent sur les collines où elles ont été construites pour protéger leurs propriétaires des attaques.

6. La Grande Muraille
Plus longue construction humaine au monde, la Grande Muraille s'étire sur 13 000 kilomètres au nord de la Chine.

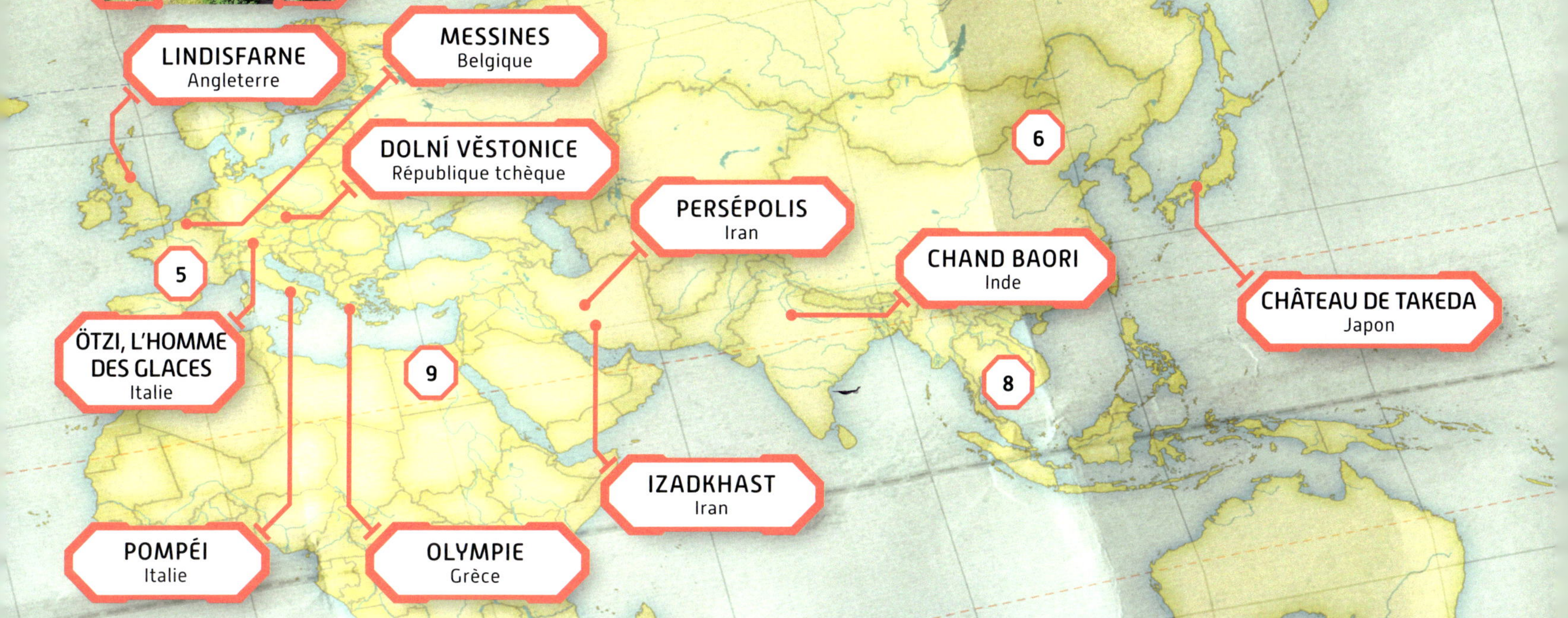

9. Les pyramides
Dernières des merveilles du monde antique encore debout, les pyramides de Gizeh se profilent au-dessus de la rive ouest du Nil, en Égypte.

7. Husuni Kubwa
Le palais médiéval de Husuni Kubwa domine l'océan Indien sur une île le long de la côte swahilie en Tanzanie.

8. Angkor
Un vaste ensemble de temples, dont Angkor Vat, plus grand complexe religieux au monde, est situé dans la forêt luxuriante du Cambodge.

UN CAMPEMENT DE L'ÂGE DE PIERRE

Enfoui dans le sol pendant des dizaines de milliers d'années, Dolní Věstonice fut jadis un camp actif où vivaient une centaine de chasseurs à l'âge de pierre. L'occupation du site a commencé il y a environ 30 000 ans. Les archéologues y ont trouvé des sépultures humaines, des figures en céramique et les vestiges d'anciennes maisons.

Les sites de l'âge de pierre

Dolní Věstonice est situé dans les collines de Pavlov, près de la ville de Brno, dans la République tchèque et la région de Moravie du Sud. Ce n'est pas un cas isolé. D'autres sites de l'âge de pierre ont été découverts à proximité de Dolní Věstonice.

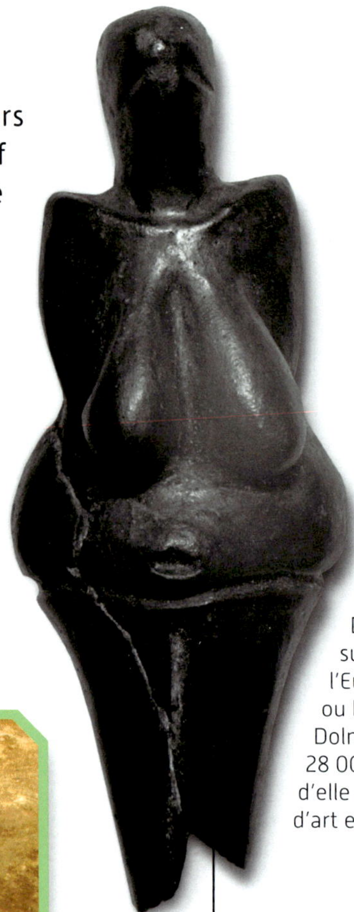

Cette statuette est faite d'argile cuite. Elle mesure 11 centimètres.

L'art préhistorique

Des statuettes féminines ont été trouvées sur des sites de l'âge de pierre dans toute l'Europe. Elles étaient sculptées dans la pierre ou l'ivoire, ou modelées en argile. La Vénus de Dolní Věstonice est datée d'approximativement 28 000 ans avant l'ère commune, ce qui fait d'elle à ce jour l'une des plus anciennes œuvres d'art en céramique du monde.

Triple sépulture

Les squelettes de trois adolescents ont été découverts à Dolní Věstonice. Leurs corps se touchent et sont entourés de colliers, de poudre d'ocre rouge et d'un os de mammouth.

Le squelette de droite a été enterré avec son coude gauche posé sur le corps du milieu.

Le squelette de gauche a été enterré avec un bras tendu.

La datation au carbone

Tous les êtres vivants contiennent du carbone, dont la quantité diminue progressivement après leur mort. Les archéologues déterminent l'âge des os ou des objets qu'ils retrouvent en mesurant le carbone qu'ils contiennent encore.

Un archéologue prélève un échantillon sur un os de jambe humain.

Un ours sculpté

L'argile était aisément disponible près de Dolní Věstonice. On l'utilisait pour modeler des animaux, comme cet ours. Une fois façonnés, les modèles étaient cuits au feu de bois pour les durcir et figer leur forme.

L'ours est représenté tête baissée, le cou tendu.

L'histoire cachée

Il s'est écoulé tellement de temps depuis que Dolní Věstonice était occupé que les vestiges ont été profondément enfouis sous des couches de terre entre les collines et la rivière, jusqu'à leur découverte en 1922. Depuis lors, les fouilles n'ont pas cessé. Un musée à proximité renseigne les visiteurs sur le site et le mode de vie de nos ancêtres de l'âge de pierre.

Une hutte reconstruite

Les gens de l'âge de pierre vivaient dans des huttes rondes recouvertes de peaux de bêtes et soutenues par des piliers en bois. Un feu central aurait entretenu la chaleur, quitte à remplir l'espace de fumée.

1 Le mammouth
Une femelle mammouth a été séparée du groupe. Elle se cabre pour se défendre.

2 Le troupeau
Le reste du troupeau s'enfuit vers les collines.

3 Baissez-vous !
Les chasseurs repliés autour du mammouth cherchent un point vulnérable pour frapper.

4 À l'attaque !
Les chasseurs s'apprêtent à lancer leur sagaie en évitant de trop s'approcher.

5 Les habits
Leurs vêtements en cuir offrent peu de protection aux chasseurs.

6 Les chiens
De nombreux chiens apprivoisés aident les chasseurs.

LA CHASSE AU MAMMOUTH

Un troupeau de mammouths traverse Dolní Věstonice. Excellente nouvelle ! Un mammouth est susceptible de nourrir beaucoup de gens. Mais en capturer n'est pas simple. Un chasseur peut vite être embroché par une défense ou écrasé sous une patte. Aujourd'hui, un groupe de chasseurs et leurs chiens sont assez courageux pour tenter l'aventure.

Les mammouths
Comme le montre ce squelette reconstitué, les mammouths étaient beaucoup plus gros que nos éléphants, avec de bien plus longues défenses. Les femelles et leur progéniture vivaient en troupeau.

Une sagaie de chasseur
Les chasseurs utilisaient sans doute des sagaies d'os ou d'ivoire, pourvues d'un silex à leur extrémité. Le silex devait être assez tranchant pour pénétrer dans l'épaisse peau de l'animal.

Silex aiguisé au bout de la sagaie.

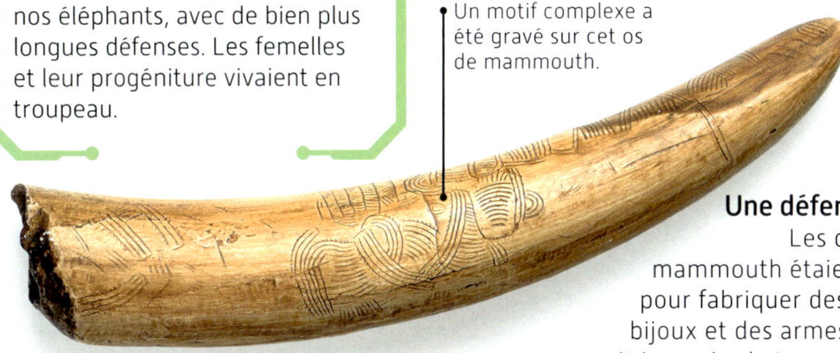

Un motif complexe a été gravé sur cet os de mammouth.

Une défense courbe
Les défenses de mammouth étaient utilisées pour fabriquer des outils, des bijoux et des armes. Celle-ci a été gravée de torsades qui sont peut-être une représentation stylisée du corps humain.

Un collier d'os
Ce visage a été sculpté dans un morceau d'os. C'est l'une des représentations de visages humains qui ont été retrouvées à Dolní Věstonice.

De simples traits restituent un visage humain.

Les bois des rennes pouvaient servir à fabriquer des outils.

Haro sur le troupeau
Les gens de Dolní Věstonice chassaient aussi les rennes, lors des migrations des troupeaux entre leur pâture d'hiver et leur pâture d'été. Une partie de la viande était séchée et conservée.

7 Les rennes
Des troupeaux de rennes paissent sur les collines. Ils feront un bon gibier si le mammouth s'échappe.

8 Le campement
Les huttes regroupées en village contribuent à la sécurité des chasseurs.

LES PEINTURES RUPESTRES

Ces mains ont été peintes sur les parois de La Cueva de la Manos (la grotte des Mains), en Argentine, voici 13 000 à 9 500 ans. Les artistes utilisaient un os d'oiseau creux pour souffler des pigments autour de leurs mains. Certaines mains, petites, appartenaient probablement à des enfants.

ÖTZI, L'HOMME DES GLACES

Un jour de l'automne 1991, deux randonneurs allemands trébuchèrent sur une tête et un torse humain émergeant d'un glacier en train de fondre. Le corps se révéla vieux de 5 300 ans. Le gel l'avait si bien préservé, ainsi que les outils l'environnant, que les archéologues ont rassemblé assez d'indices pour reconstituer son histoire et résoudre le mystère de sa mort violente.

La tombe de l'homme des glaces
Les randonneurs ont découvert l'homme des glaces à la frontière italo-autrichienne. Ses derniers jours l'ont mené de la région sous-alpine des Alpes de l'Ötzal jusqu'au col Tisenjoch.

Le dernier repas
L'examen du contenu de son estomac a permis aux scientifiques de découvrir que, pour son dernier repas, Ötzi avait mangé du bouquetin. Son régime alimentaire consistait également en épeautre (un type ancien de blé), gibier et prunelles. Des traces de fougère, qu'il utilisait peut-être en médicament, ont aussi été relevées dans son estomac.

L'âge du cuivre
Le premier des âges des métaux est connu sous le nom d'âge du cuivre. À cette époque, les gens ont commencé à extraire et à fondre du minerai pour fabriquer des outils, qu'ils préféraient à la pierre. Des restes d'outils et des têtes de flèches en cuivre ont été mis au jour dans la région où Ötzi est mort.

L'autopsie d'Ötzi
Les archéologues ont établi qu'Ötzi était âgé de 45 ans, pesait environ 61 kilos et avait les cheveux bruns. Des examens médico-légaux ont également révélé qu'il était en mauvaise santé. Il souffrait d'arthrose et se vidait de son sang. Le pollen d'un arbre, le charme-houblon, retrouvé dans son corps autorise aussi les scientifiques à conclure qu'il est mort en début d'été.

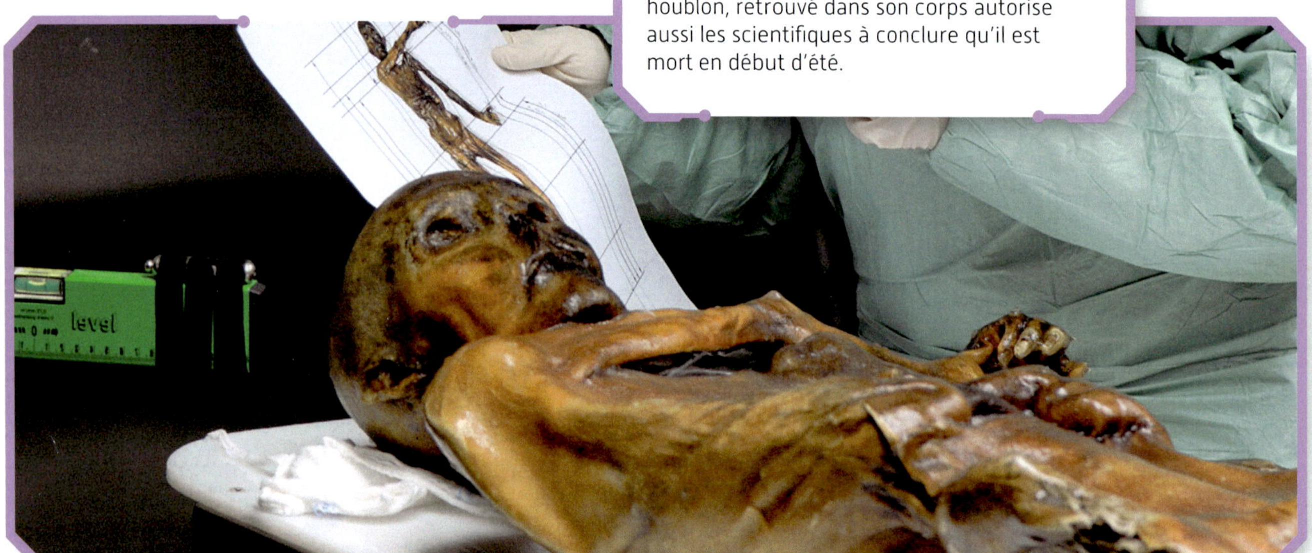

Au secours de la momie

Après la macabre découverte, une équipe de secours a tenté de libérer le corps de la glace. Malgré l'aide d'un marteau-piqueur pneumatique, le corps ne voulait pas bouger. Ce n'est qu'après quelques jours qu'une seconde équipe de secours a pu dégager les précieux restes et les expédier en Autriche pour une autopsie scientifique.

Neige et glace
Le corps, enseveli dans la neige et la glace, a ainsi été préservé de la décomposition. Ses globes oculaires ont même été retrouvés intacts !

L'homme mystère
On a d'abord cru avoir affaire à un randonneur disparu, mais lors de l'autopsie les scientifiques ont pu établir l'étonnante vérité : le corps était vieux de 5 300 ans !

Les Alpes de l'Ötzal

L'homme des glaces a été appelé Ötzi d'après la chaîne de montagnes où il a été trouvé. Il est mort à une altitude de 3 210 mètres dans une région des Alpes orientales centrales dénommée les Alpes de l'Ötzal.

1 Le meurtrier d'Ötzi
Caché derrière un rocher, un mystérieux assaillant bande son arc et décoche une flèche vers Ötzi.

2 Hotte
Dans sa hâte de fuir, Ötzi a abandonné sa hotte en mélèze et noisetier, ainsi que son sac.

3 Poignard en silex
Dans un fourreau attaché à sa ceinture, Ötzi porte un poignard en silex avec un manche en frêne.

4 Ceinture et sac
Une lanière en cuir nouée à sa taille maintient la veste d'Ötzi en place et retient ses outils et un sac.

5 Tatouages
Le corps d'Ötzi est couvert de 61 tatouages, réalisés en frottant de la suie sur des petites coupures.

6 Flèche
La tête en silex de la flèche blesse mortellement Ötzi à l'épaule. Dans quelques minutes, il sera mort.

«Tout ce que nous savons sur les vêtements du **néolithique** en Europe, nous le savons grâce à lui. On ne peut le comparer à rien. **Il est unique.»**

- Professeur Markus Egg, archéologue (né en 1954) -

L'EMBUSCADE

Nous sommes au début de l'été, il y a environ 5 300 ans. Ötzi, un chasseur appartenant à une communauté rurale des Alpes de l'Ötzal, escalade le glacier. Il a beau parfaitement connaître ce milieu hostile, les derniers jours ont été épuisants. Il a été poursuivi par un assaillant qui l'a blessé à la main avec un couteau. Il s'est déjà échappé une première fois mais, maintenant, alors qu'il fuit plus haut dans la montagne, il sent rôder le danger. Il n'a pas tort.

Les récipients en écorce de bouleau sont légers mais très résistants.

Le fond du récipient est fait d'une rondelle de bouleau.

Récipients en écorce de bouleau
Les archéologues ont découvert deux récipients cylindriques en écorce de bouleau près du corps d'Ötzi. Les récipients étaient fabriqués à partir d'un seul morceau d'écorce cousu par des fibres de tilleul. On a retrouvé dans l'un des pots des feuilles d'érable et du charbon de bois, suggérant qu'Ötzi transportait des braises chaudes enveloppées dans des feuilles de façon à pouvoir démarrer rapidement et facilement un feu.

La lame était attachée au manche avec des lanières de cuir.

Un symbole de pouvoir
La hache à tête de cuivre que transportait Ötzi quand il a trouvé la mort témoigne de son statut social élevé au sein de sa communauté. La hache était utilisée pour abattre des arbres, casser la glace ou comme une arme. C'est la seule hache préhistorique complète jamais découverte.

Acupuncture primitive
Ötzi est la plus ancienne momie tatouée connue. Des tatouages de lignes et de croix ont été retrouvés sur son corps, là où il peut avoir souffert de douleurs articulaires. Les scientifiques pensent qu'il s'agissait d'une façon de soulager la douleur.

Des lanières en cuir attachaient les différentes couches de la chaussure à la semelle.

Chaussures tout confort
Les chaussures d'Ötzi devaient être confortables et chaudes, même si elles ne protégeaient sans doute pas ses pieds de la pluie. En peau de cerf avec une semelle en cuir d'ours, elles étaient rembourrées et isolaient du froid par du foin maintenu dans un filet d'herbes.

7 Vêtement
Bien préparé pour lutter contre le froid, Ötzi porte des vêtements en peau de chèvre et de mouton.

8 Hache en cuivre
Le bien le plus précieux d'Ötzi, sa hache, est en bois d'if avec une lame en cuivre.

LES PYRAMIDES

De douzaines de tombes et de temples jalonnent le désert de Gizeh, mais elles sont toutes éclipsées par trois colossales pyramides de pierre. Ces immenses constructions sont les tombes des pharaons qui ont jadis dirigé l'Égypte. Les pyramides constituent une extraordinaire prouesse technique – elles ont été élevées il y a plus de 4 500 ans, à la force du poignet… et un peu plus !

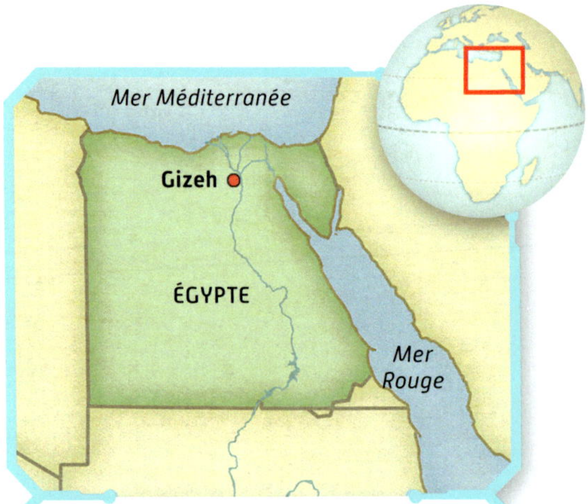

Un site fluvial

Gizeh est situé non loin de la capitale de l'Égypte moderne, Le Caire, sur la partie inférieure du Nil qui se jette dans la Méditerranée plus au nord.

Un moyen de transport

Les anciens Égyptiens utilisaient le Nil pour convoyer des marchandises. À cette époque, l'eau était le seul moyen pour transporter des charges lourdes sur de longues distances. Des pierres en provenance d'autres régions descendaient le fleuve pour orner les tombes et les temples de Gizeh.

Le faucon derrière la tête de Khéphren représente Horus, un dieu qui protégeait les pharaons.

Khéphren pour l'éternité

Le pharaon Khéphren a régné de 2558 à 2532 avant l'ère commune, dans la période de l'Ancien Empire. Les pharaons espéraient survivre à travers leurs constructions et leurs statues. Khéphren a commandé quelque 300 statues de lui-même pour le temple construit à proximité de sa pyramide.

Des trésors pour l'au-delà

Beaucoup de notables ou de membres de la famille royale étaient enterrés ou inhumés dans de petites tombes à proximité des trois grandes pyramides de Gizeh. Ils emportaient avec eux des objets précieux, par exemple de l'or ou des bijoux.

Ces bracelets ont été trouvés dans la tombe de la grand-mère de Khéphren, la reine Hétep-Hérès.

Le fils de Khéops, Khéphren, éleva sa pyramide sur une position plus élevée que celle de son père. Du coup, elle paraît plus haute qu'elle ne l'est.

Le grand Sphinx est haut de 20 mètres, avec une tête humaine sur un corps de lion.

La pyramide de Khéops est la plus haute des trois pyramides de Gizeh. La plus petite, qu'on ne voit pas ici, est celle de Mykérinos, le dernier pharaon à construire sur le site.

À la recherche des tombes

Les archéologues travaillent sur le plateau de Gizeh depuis plus de deux cents ans. Aujourd'hui des parties du site, précédemment recouvertes de sable, ont été fouillées. Il est possible de déambuler entre les temples en ruine, d'entrer dans des tombes et de suivre d'étroits couloirs vers les chambres funéraires à l'intérieur des pyramides. De nouveaux objets et même des tombes sont encore découverts dans la zone.

Les fouilles

Les fouilles continuent à Gizeh. Les archéologues cherchent à en apprendre davantage sur les constructeurs des pyramides et sur les pharaons qui y sont inhumés.

Les anciens Égyptiens croyaient que la vie continuait après la mort. Ici, le dieu Anubis met en balance le cœur d'un défunt et une plume. Si le cœur est plus léger que la plume, le défunt a mené une vie droite et mérite d'aller dans l'au-delà.

LA CONSTRUCTION DES PYRAMIDES

Le soleil vient à peine de se lever, mais les travaux vont déjà bon train sur la pyramide de Khéphren. Des équipes d'ouvriers se dépêchent de mettre la dernière main à l'énorme tombeau. Khéphren et son entourage viennent d'arriver. Ils veulent vérifier les progrès de la construction. Ils sont confortablement assis, loin de toute la poussière et de la sueur du chantier.

1 Le Sphinx
La tête du Sphinx est taillée dans un promontoire rocheux qui émerge du désert.

2 Le tombeau de Khéphren
La pyramide est presque achevée. Elle devrait être prête lorsque le pharaon mourra.

3 Khoufoukhaf Ier
Le vizir du pharaon (son Premier ministre) est aussi son frère. Il contrôle les plans.

4 La reine
Sœur et épouse principale de Khéphren, Khâmerernebty complimente son mari sur son complexe funéraire.

5 Le pharaon
Khéphren est satisfait des progrès réalisés. Cette pyramide garantira son immortalité.

6 Assis à l'ombre
Khéphren et ses épouses savourent l'ombre de la tente dressée à l'occasion de leur inspection.

7 Rampes
Les énormes blocs de pierre sont hissés sur des rampes jusqu'aux étages les plus élevés.

8 Contrôle
De nouveaux blocs viennent d'être livrés. Des tailleurs de pierre vérifient qu'ils sont sans défaut.

9 *Mastaba*
Cette tombe à toit plat, appelée *mastaba*, accueillera la dépouille du frère de Khéphren, Khoufoukhaf Ier.

10 Grande pyramide
L'énorme tombeau de Khéops, le père de Khéphren, domine le plateau, surplombant les autres constructions.

11 Tombeaux des reines
Les épouses royales, telle la mère de Khéphren, Hénoutsen, disposent chacune de plus petites pyramides.

12 Rondins
Des rondins en bois sont placés sous les blocs de pierre pour faciliter leur transport.

DANS LA GRANDE PYRAMIDE

Le père de Khéphren, le pharaon Khéops, savait que les trésors ensevelis avec lui tenteraient les pillards. Il a donc imaginé divers systèmes de défense, dans l'espoir que les voleurs ne puissent jamais atteindre la chambre funéraire, une fois celle-ci scellée. Malheureusement pour lui, ses mesures ne se sont pas révélées suffisantes. On pense que sa chambre funéraire a été pillée quelques centaines d'années après sa mort.

Cinq espaces vides soulagent la pression exercée par la masse de pierre sur la chambre du roi.

Les neuf dalles de granit du plafond mesurent 5,5 mètres de long et pèsent environ 25 à 40 tonnes chacune.

La chambre du roi
La chambre funéraire de Khéops se trouve au cœur de la pyramide. Elle est entièrement tapissée de granit rouge et contient un sarcophage en granit. Trois énormes blocs de granit avaient été utilisés pour refermer l'entrée.

Le pyramidion tout en haut de la pyramide était peut-être autrefois recouvert d'or.

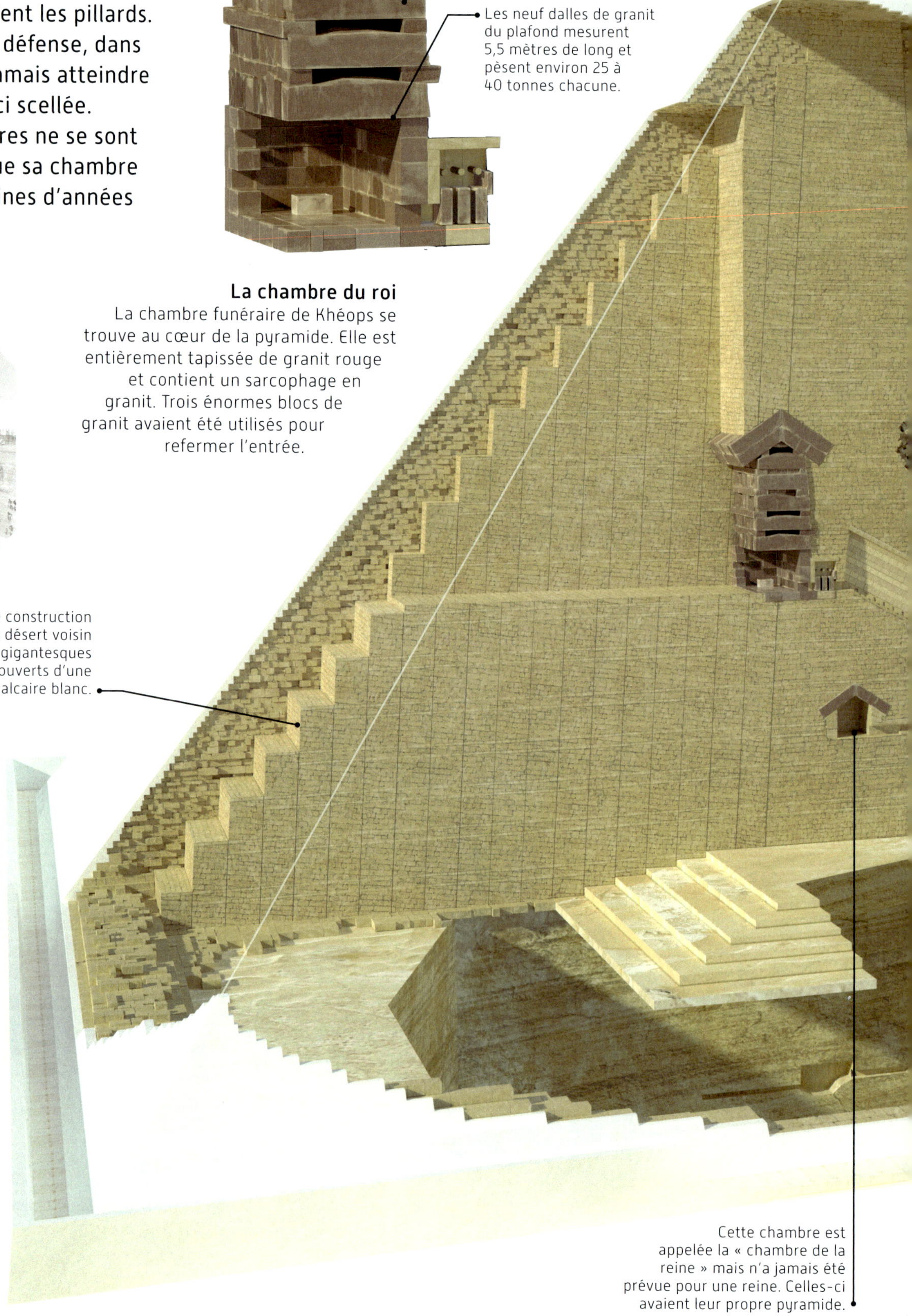

Des blocs de construction extraits du désert voisin forment de gigantesques degrés recouverts d'une couche de calcaire blanc.

Cette chambre est appelée la « chambre de la reine » mais n'a jamais été prévue pour une reine. Celles-ci avaient leur propre pyramide.

Cette statuette en ivoire de Khéops a été découverte à Abydos.

Le pharaon Khéops
Khéops fut le premier pharaon à construire une pyramide à Gizeh. La sienne est la plus grande de toutes. Elle est parfaitement alignée sur un axe nord-sud et forme presque un carré parfait.

Cette maquette de la barque de Khéops montre ce à quoi elle ressemblait.

Barque funéraire
En 1954, un archéologue égyptien retrouva une barque en bois démontée dans une fosse près de la grande pyramide. Les signes gravés sur les pièces détachées permirent de la reconstituer aisément. La barque a pu servir à transporter la dépouille du pharaon pendant ses funérailles.

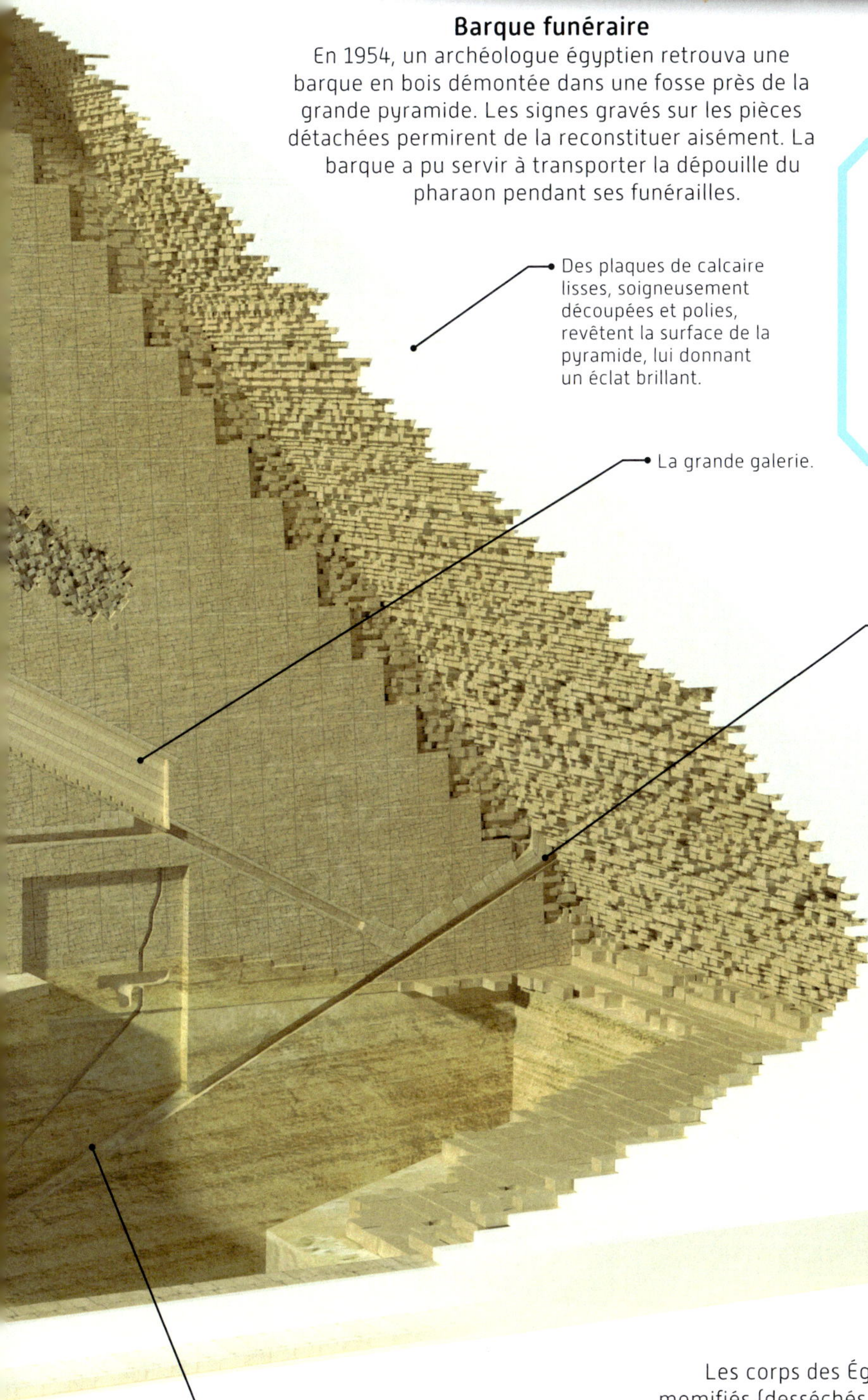

Des plaques de calcaire lisses, soigneusement découpées et polies, revêtent la surface de la pyramide, lui donnant un éclat brillant.

La grande galerie.

Ce couloir est le seul accès à la tombe, pour y entrer comme pour en sortir. Les prêtres l'empruntaient après les funérailles du pharaon et le refermaient derrière eux.

Un couloir conduit à une autre chambre funéraire taillée dans la roche sous la pyramide. Il s'agit peut-être d'un premier projet de chambre funéraire pour Khéops ou d'un leurre pour les pilleurs de tombe.

La grande galerie
Longue de 47 mètres sous une hauteur de plafond de 8,6 mètres, la grande galerie, le plus vaste espace intérieur de la grande pyramide, est un escalier très raide qui mène à la chambre du roi.

2,3 millions de blocs de pierre ont été nécessaires pour construire la **grande pyramide.**

Les vases canopes
Les corps des Égyptiens étaient momifiés (desséchés et emmaillotés dans du tissu) avant la cérémonie funéraire. Les organes internes, trop humides pour être momifiés, étaient enlevés préalablement et conservés à part du reste du corps, dans des vases appelés canopes.

UNE TOMBE EN CHANTIER

À l'est de la pyramide de Khéops, des ouvriers s'activent dans un important bâtiment neuf, un *mastaba*, une tombe à toit plat, destiné à Khoufoukhaf Ier, fils de Khéops et frère de Khéphren. Khoufoukhaf est membre de la famille royale. Son tombeau est confié aux meilleurs artisans.

Ces bas-reliefs sont terminés. Des couleurs vives achèvent de leur donner vie.

Le récit d'une vie

Le décor sur les murs de la tombe raconte la vie de Khoufoukhaf. Ici, il est représenté recevant des offrandes pour sa vie dans l'au-delà. Les bas-reliefs sont à nu aujourd'hui, mais étaient à l'origine recouverts de couleurs vives.

Des biens pour l'au-delà

Les tombes étaient remplies de tout ce dont le défunt pouvait avoir besoin dans sa vie future. Des habits, des meubles, de la nourriture ou des bijoux. La plupart des gens se contentaient d'objets simples, mais les membres de la famille royale avaient à leur disposition les biens les plus précieux.

Fauteuil en bois doré enterré avec la reine Hétep-Hérès.

À la lumière des lampes à huile

Des bols remplis d'huile servaient de lampe, une cordelette de lin faisant office de mèche. Les artistes préféraient des huiles végétales, comme le sésame ou le ricin, additionnées de sel pour éviter que la fumée n'abîme les peintures.

Les hiéroglyphes
Pour écrire, les anciens Égyptiens utilisaient des images stylisées, appelées hiéroglyphes. Sur les parois des tombes, les hiéroglyphes racontent l'histoire du défunt et de sa famille. Les inscriptions dans la tombe de Khoufoukhaf expliquent qu'il a été vizir (Premier ministre) et le fils d'une reine.

Le matériel des peintres
Les pinceaux sont des faisceaux d'herbes ou de roseaux liés ensemble. La plupart des couleurs sont obtenues à partir de pigments minéraux, par exemple l'oxyde de fer produit les jaunes, les ocres et les rouges. Une seule couleur, le bleu égyptien, était synthétique. Elle était obtenue en mélangeant et en chauffant des minerais à haute température. Le procédé était très coûteux.

Des artistes expérimentés esquissent des images sur les parois fraîchement enduites de plâtre.

Un tailleur de pierre sculpte la paroi selon les tracés laissés par les artistes.

Le mot *mastaba* vient du mot **arabe** qui signifie **«banc»**, dont ces **tombeaux** imitent la **forme**.

Le décor funéraire
Les peintures murales, comme ce bateau sur le Nil, exigeaient beaucoup de temps. Un plâtrier enduisait les parois, puis les artistes dessinaient les figures, n'ajoutant les couleurs qu'à la fin.

LE TRANSPORT DES PIERRES

D'énormes blocs de pierre destinés à la nouvelle pyramide de Khéphren ont été débarqués au port. Des équipes d'ouvriers les hissent sur des traîneaux pour les déplacer jusqu'à la pyramide. Les plus lourds ne sont pas seulement traînés – une série de rondins en bois est disposée en dessous. De nouveaux rondins sont ajoutés devant le traîneau à mesure que les ouvriers font progresser le bloc.

Fil à plomb
Les pyramides ont été construites avec une grande précision grâce à des outils simples, faits de bois, de ficelle et de pierre. Ce plomb, suspendu par une ficelle à un cadre en forme de A, permettait d'établir le niveau. Quand la ficelle s'alignait au milieu de la barre transversale du A, c'est que le niveau était bon.

Les outils d'un tailleur de pierre
Les blocs de calcaire étaient égalisés avec des burins en cuivre. Le tailleur de pierre tenait un burin dans une main et le frappait avec un maillet en bois. Les ouvriers devaient régulièrement s'arrêter et aiguiser leurs outils. Des aiguiseurs à temps plein se tenaient à leurs côtés pour les aider.

MAILLET

PANIER

BURIN

«La bouche d'un **homme parfaitement satisfait** est remplie de **bière**.»

- Proverbe égyptien, environ 2200 ans avant l'ère commune. -

Cette amulette représente l'œil d'Horus. Elle est sculptée dans une pierre appelée cornaline.

Les amulettes de protection

Les Égyptiens attribuaient aux amulettes des pouvoirs de protection qui se communiquaient aux personnes qui les portaient. Formes et couleurs avaient leur signification propre. Par exemple l'œil d'Horus signifiait la guérison et la cornaline rouge orangé l'énergie et le pouvoir.

Bijouterie fine

Les hommes, les femmes aussi bien que les enfants portaient des bijoux. Ils les emportaient dans leur tombe, dans l'espoir de les retrouver dans l'au-delà. Ce bas-relief montre des orfèvres confectionnant un large collier de perles que son propriétaire portait sur les clavicules et la poitrine.

On verse de l'eau devant les rondins pour faciliter leur rotation.

Il faut deux porteurs pour déplacer cette lourde jarre. Ils doivent veiller à ne pas la renverser.

Chaque bloc de pierre pèse environ 1,8 tonne.

Brasser la bière

La bière était une boisson très répandue dans l'ancienne Égypte, surtout chez les paysans. Elle était très souvent brassée par des femmes, comme sur cette statuette retrouvée dans une tombe.
On obtenait la bière en laissant fermenter du pain émietté dans des jarres. On ajoutait des dattes et du miel pour sucrer la boisson.

LES PEINTURES FUNÉRAIRES ÉGYPTIENNES

Les tombes des riches Égyptiens étaient couvertes de fresques colorées très élaborées. Les images évoquaient la vie du défunt et les rites qu'il devait accomplir sur le chemin de l'au-delà. Dans cette tombe des environs de Thèbes, le dieu à tête de chacal Anubis apprête un corps.

UN PALAIS PERSAN

Persépolis est nichée au pied d'une montagne reculée d'Iran. Aujourd'hui en ruine, elle fut la capitale cérémonielle de l'Empire perse. Il se pourrait que cet ensemble de palais et de temples n'ait pas été occupé en permanence, mais seulement au nouvel an, quand les peuplades venues de tout l'empire payaient leur tribut au Roi des rois.

Au cœur de l'empire
Persépolis a été fondée près du centre de l'Empire perse, dans ce qui est maintenant l'Iran. L'empire s'est agrandi à partir de cette région jusqu'à l'est de l'Europe et au nord-ouest de l'Inde.

Darius Ier
Persépolis a été fondée par le roi Darius Ier en 518 avant notre ère. Darius Ier divisa l'Empire perse en provinces appelées satrapies. Une fois par an, chaque satrapie était tenue de montrer sa fidélité en envoyant des cadeaux de valeur au Roi des rois.

Cette pièce d'orfèvrerie en argent doré a la forme d'un bouquetin ailé.

Les cheveux sont figurés par de petites spirales.

Tête sculptée en lapis-lazuli, une pièce semi-précieuse, appréciée pour son intense couleur bleue.

Une tête royale
On pense que cette petite sculpture représente la tête d'une princesse perse ou encore d'un jeune prince. C'est l'un des rares objets à avoir survécu à la destruction de Persépolis par Alexandre le Grand.

Un riche cadeau
Cet ornement de bouquetin bondissant était peut-être l'une des deux anses d'un vase luxueux qui aurait fait partie des cadeaux offerts au Roi des rois. Chaque satrapie perse avait à s'acquitter d'un tribut. Si elles y manquaient, elles étaient sévèrement punies.

L'Apadana

La principale salle d'audience de Persépolis était appelée l'Apadana. Les porteurs de tributs gravissaient le grand escalier avant d'être reçus par le Roi des rois et de lui offrir leurs présents. Comme le reste de la ville, l'Apadana fut détruite par Alexandre le Grand en 330 avant notre ère. Elle a sombré dans l'oubli pendant presque deux millénaires avant d'être redécouverte au XVIIe siècle.

Les fondations
Deux tablettes en or ont été exhumées des fondations de l'Apadana. Le texte en caractères cunéiformes énumère les provinces de l'Empire perse et remercie le dieu persan Ahura Mazda, en trois langues différentes.

Les Perses avaient alors pour religion le zoroastrisme. Ils croyaient en un dieu nommé Ahura Mazda, le « seigneur de la Sagesse ». Ce bas-relief de Persépolis le représente comme un homme surgissant d'un disque ailé.

UNE CÉRÉMONIE

Une atmosphère de fête enfièvre Persépolis. On célèbre Norouz, le nouvel an perse. Des centaines de gens apportent leurs présents au Roi des rois. La foule est dense et bruyante. La ville grouille d'animaux et de voyageurs venus de tout l'empire. Des dignitaires veillent à contenir l'excitation des visiteurs qui attendent sur le seuil de l'Apadana.

Un motif de spirales orne le poitrail du taureau.

La force du taureau
Les colonnes perses étaient souvent surmontées de créatures spectaculaires, des lions, des griffons et des taureaux. Les taureaux étaient les plus représentés, peut-être parce qu'ils incarnent la force. L'arrière du taureau contribuait à supporter le poids du toit.

Cette corne est décorée d'une tête de lion rugissant.

Une corne à boire
Norouz était une fête joyeuse et un moment de célébration. Certains des visiteurs de Persépolis ont pu en profiter pour déguster une boisson dans un *rhyton*, une corne à boire décorative

Les bas-reliefs de Persépolis
ils montrent que les visiteurs apportaient en cadeaux des animaux de tout l'Empire perse. Sur cette frise, on voit des Bactriens issus d'Asie centrale s'apprêter à offrir un chameau au Roi des rois

Chars et routes
Les Perses circulaient en char sur l'important réseau de routes qu'ils avaient développé pour contrôler leur immense empire et transporter plus vite et plus facilement les troupes et les marchandises. Ce minuscule char en or montre un gouverneur local en train de visiter la province placée sous son contrôle.

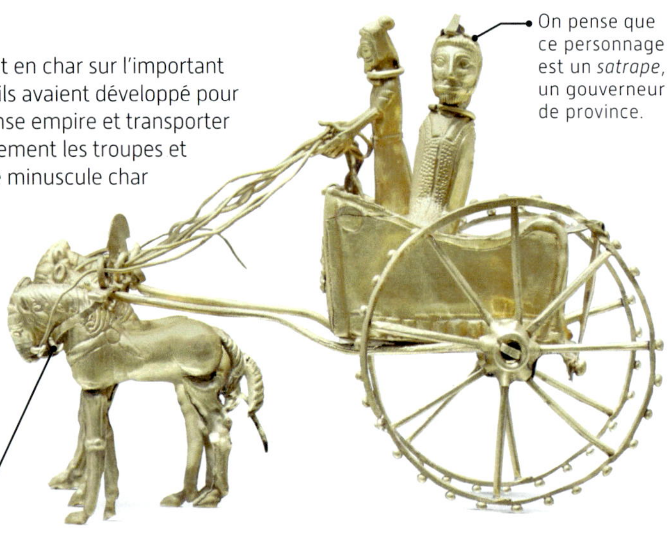

On pense que ce personnage est un *satrape*, un gouverneur de province.

Quatre chevaux tirent le char.

1 Les Immortels
L'empereur est protégé par une troupe de soldats d'élite, les Immortels.

2 Chameau de Bactriane
Ce chameau a traversé l'Asie centrale depuis la Bactriane pour être offert au Roi des rois.

3 Les cadeaux du Sud
Ces Nubiens, venus du sud de l'Égypte, apportent de l'ivoire et un animal exotique, un okapi.

4 Chacun son tour
Les visiteurs montent les marches les uns après les autres, les délégations des provinces plus proches entrent les premières.

5 Distractions
Ces courtisans en marche vers l'Apadana sont distraits par le spectacle.

6 Pause boisson
Ces Scythes des provinces du Nord se désaltèrent pendant la cérémonie.

7 Circulez !
Ces deux dignitaires veillent à l'écoulement de la procession du haut de leur char.

8 Poussière d'or
Un homme du Sindh (aujourd'hui le Pakistan) porte des jarres pleines de poussière d'or de grande valeur.

9 Drôle d'odeur
Tous ces animaux laissent des excréments partout. Mieux vaut se boucher le nez !

10 Fauve en colère
Cette lionne est apportée en tribut. Elle souffre car elle a été séparée de ses petits.

11 Un jeu dangereux
Un Scythe joue avec un lionceau, sans remarquer que sa mère furieuse est à deux pas de lui.

DES GUERRIERS IMMORTELS
L'élite des soldats perses constituait le corps des Immortels. Ils conduisaient l'attaque sur le champ de bataille et formaient la garde personnelle de l'empereur. Cette mosaïque de la cité royale de Suse montre un groupe d'Immortels lourdement armés, équipés de lances, d'arcs et de carquois remplis de flèches.

LES JEUX OLYMPIQUES

Dans les collines ondoyantes de la campagne grecque, à côté d'un bois sacré d'oliviers, s'étend le site d'Olympie, un complexe sportif dédié au dieu Zeus. Tous les quatre ans, de 776 avant l'ère commune jusqu'à 393 de l'ère commune, la fête de Zeus était accompagnée des Jeux olympiques, le temps fort de la vie culturelle de la Grèce.

L'athlète tend son bras en arrière, prêt à le lancer vers l'avant afin de propulser le disque.

Cette statue met en valeur les qualités de force physique prisées par les anciens Grecs.

Le berceau des Jeux olympiques

Olympie est située dans le Péloponnèse, au sud de la Grèce continentale, au confluent de deux rivières et à peu de distance de la mer Ionienne.

1 Les épreuves athlétiques, par exemple les courses ou le lancer de javelot, se déroulaient au stade.

2 Le mont Kronion était couvert de deux bois sacrés de chênes et d'oliviers consacrés à Zeus.

Idéaux sportifs

La Grèce ancienne était fragmentée en cités-États en guerre permanente. La plupart des sports permettaient de cultiver des compétences utiles à la guerre, telles la vitesse ou la force. Les Grecs appréciaient aussi la beauté, la discipline et l'honneur. Les Jeux olympiques célébraient tous ces idéaux. Les athlètes étaient souvent honorés par des statues, comme ce discobole.

La gloire de Zeus

Les Grecs révéraient des dieux et des déesses dotés d'un large éventail de pouvoirs. Les Jeux olympiques célébraient Zeus, le roi des dieux. Il était aussi le roi du Ciel et le gardien des serments, responsable de l'ordre et de la justice.

L'évolution du site

Le site d'Olympie s'est développé à travers les siècles, à partir du VIe siècle avant notre ère, avec l'ajout de nouveaux bâtiments et de statues. Le cœur du site a été construit autour du sanctuaire, entre les temples de Zeus et d'Héra. Plus tard furent ajoutés un mur entre le stade et le sanctuaire, des terrains d'entraînement et des logements pour les visiteurs.

3 Le temple d'Héra, la reine des dieux, fut la première construction du site, au VIe siècle avant l'ère commune.

4 Le temple de Zeus, le plus important sanctuaire d'Olympie, bâti au Ve siècle avant notre ère, abritait une gigantesque statue du dieu.

5 Les boxeurs et les lutteurs s'exerçaient sur la palestre, construite au IIIe siècle avant l'ère commune.

La monnaie des Jeux

La cité-État d'Élis, qui organisait les Jeux, frappait des pièces spéciales pour l'occasion. Les pièces montraient Zeus sur une face et son aigle sacré sur l'autre.

Les témoignages écrits

La plupart de nos connaissances sur les Jeux olympiques proviennent des récits détaillés des voyageurs antiques. L'un d'eux, Pausanias, un géographe itinérant, a écrit un livre en dix volumes intitulé *La Description de la Grèce*.

LES JEUX

La fête en l'honneur de Zeus bat son plein. Les athlètes ont afflué de toutes les cités grecques, avides de se distinguer par leurs prouesses. Les autres visiteurs ne manquent pas d'occupations : écouter les orateurs, regarder les courses, acheter à manger et se tenir au courant des dernières nouvelles.

1 Le temple d'Héra
Voué à Héra, l'épouse de Zeus, ce temple est le plus ancien du site.

2 Un sacrifice
Un athlète fait un sacrifice pour s'assurer que personne ne trichera pendant son épreuve.

3 L'autel de Zeus
L'autel a été construit sur les cendres des animaux sacrifiés. Aujourd'hui, pas moins de cent bœufs !

4 Les trésors
Ces bâtiments renferment des offrandes précieuses, comme des armures ou des statues.

5 Barbecue
Des gens ont allumé un feu. Le fumet de la viande rôtie commence à se répandre.

6 Le stade
Les courses à pied s'y déroulent. Les talus peuvent accueillir 40 000 spectateurs.

7 À table
Le public fait la queue devant les étals pour un morceau de viande grillée.

8 Un combat de pugilat
Le vaincu lève un doigt pour reconnaître sa défaite. Les athlètes combattent nus, sans aucune protection.

9 Statues
De belles statues à l'effigie d'anciens champions olympiques entourent le site.

10 Le temple de Zeus
Une statue colossale de Zeus se dresse à l'intérieur de ce qui est le plus vaste édifice du site.

11 Un orateur
Cet orateur harangue la foule dans l'espoir de devenir célèbre.

12 Un arbre sacré
Cet homme coupe des branches d'un olivier sacré pour en faire une couronne de victoire.

LE STADE

La course en armure est en cours. Les talus du stade sont bondés de spectateurs qui crient d'enthousiasme et encouragent les concurrents. Les athlètes se bousculent autour du poteau de retournement avant de se lancer dans la deuxième longueur. Depuis le stand des juges, les *hellanodices* contrôlent qu'aucun athlète ne soit tenté de tricher.

Ce vase montre trois coureurs au coude à coude.

Les épreuves olympiques

L'athlétisme est une partie importante des Jeux olympiques : lancer de javelot, saut en longueur, lancer du disque et courses. Il y avait plusieurs sortes de courses. Comme on le voit sur ce vase, les athlètes couraient totalement nus, pour qu'aucun poids ne les alourdisse.

La course en armure

Les concurrents de la course en armure portaient un lourd casque en métal comme celui-ci et un bouclier. Ils devaient parcourir deux fois la longueur du stade, aller et retour, avec un virage à 180 degrés autour d'un poteau à mi-chemin. Il fallait à la fois de la vitesse et de la force pour l'emporter.

Les athlètes tentent d'éviter de tomber en faisant le tour du poteau.

Un juge ordonne à un athlète surpris en train de tricher de payer une amende.

Tout ça pour une couronne

Cette image montre un champion recevant le prix de sa victoire : une couronne tressée de branches d'un olivier sacré. Les athlètes y gagnaient aussi de la renommée et certains des récompenses en argent.

Les *hellanodices*

Les organisateurs et juges des Jeux olympiques étaient appelés *hellanodices*. Ils décidaient de qui était autorisé à concourir, classaient les athlètes par catégories d'âge, surveillaient les entraînements, désignaient le vainqueur quand le résultat était serré et punissaient les tricheurs.

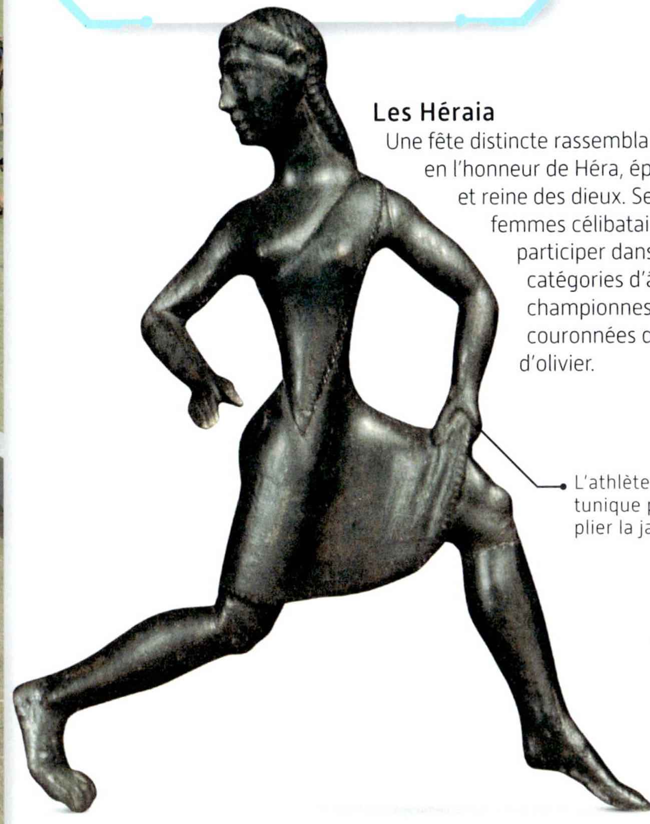

Les Héraia

Une fête distincte rassemblait les femmes, en l'honneur de Héra, épouse de Zeus et reine des dieux. Seules des femmes célibataires pouvaient participer dans les trois catégories d'âge. Les championnes étaient couronnées de branches d'olivier.

Des pierres pour mieux sauter

Pour le saut en longueur, les athlètes empoignaient dans chaque main un haltère en pierre. Lorsqu'ils sautaient, ils projetaient leur bras en avant, pour augmenter leur élan et franchir une plus longue distance.

LE TEMPLE DE ZEUS

Achevé en 463 avant l'ère commune, le sanctuaire du roi des dieux est impressionnant. Son stuc blanc brille comme du marbre, ses couleurs sont fraîches et éclatantes. Une gigantesque statue de Zeus trône au cœur du temple. Elle ne se dresse là que depuis quatre ans mais sa taille et sa splendeur l'ont déjà rendue célèbre. Un flot de visiteurs monte les marches du soubassement pour admirer la statue et rendre hommage à Zeus tout-puissant.

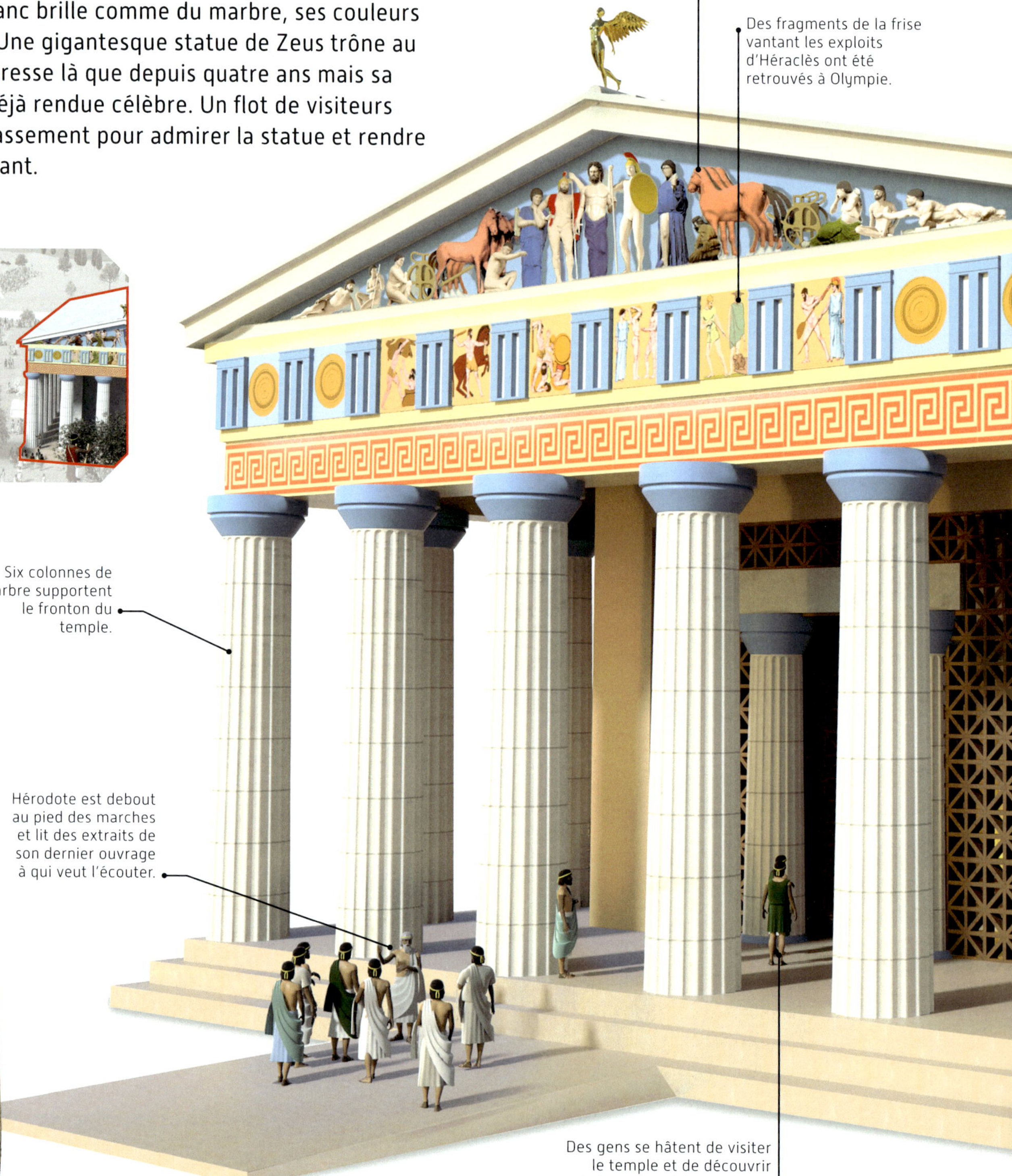

Hérodote
L'écrivain et historien Hérodote assista aux Jeux olympiques de 426 avant l'ère commune. Il s'installa sur l'escalier du temple de Zeus et lut à haute voix ses *Histoires*. Captiver l'auditoire à Olympie était un bon moyen de se rendre célèbre.

« Et immédiatement **Hérodote** fut plus connu que tous les vainqueurs eux-mêmes. Il n'était personne qui n'eut entendu parler de lui. »

- Lucien de Samosate, écrit au IIe siècle de l'ère commune -

Pélops et Hippodamie

Les bas-reliefs sud du temple narrent l'histoire de Pélops et Hippodamie. Pélops gagna la main d'Hippodamie après avoir triomphé lors d'une course de chars. La légende veut qu'il ait fondé les Jeux olympiques après sa victoire. Sur cette image, Pélops a fait monter Hippodamie sur son char.

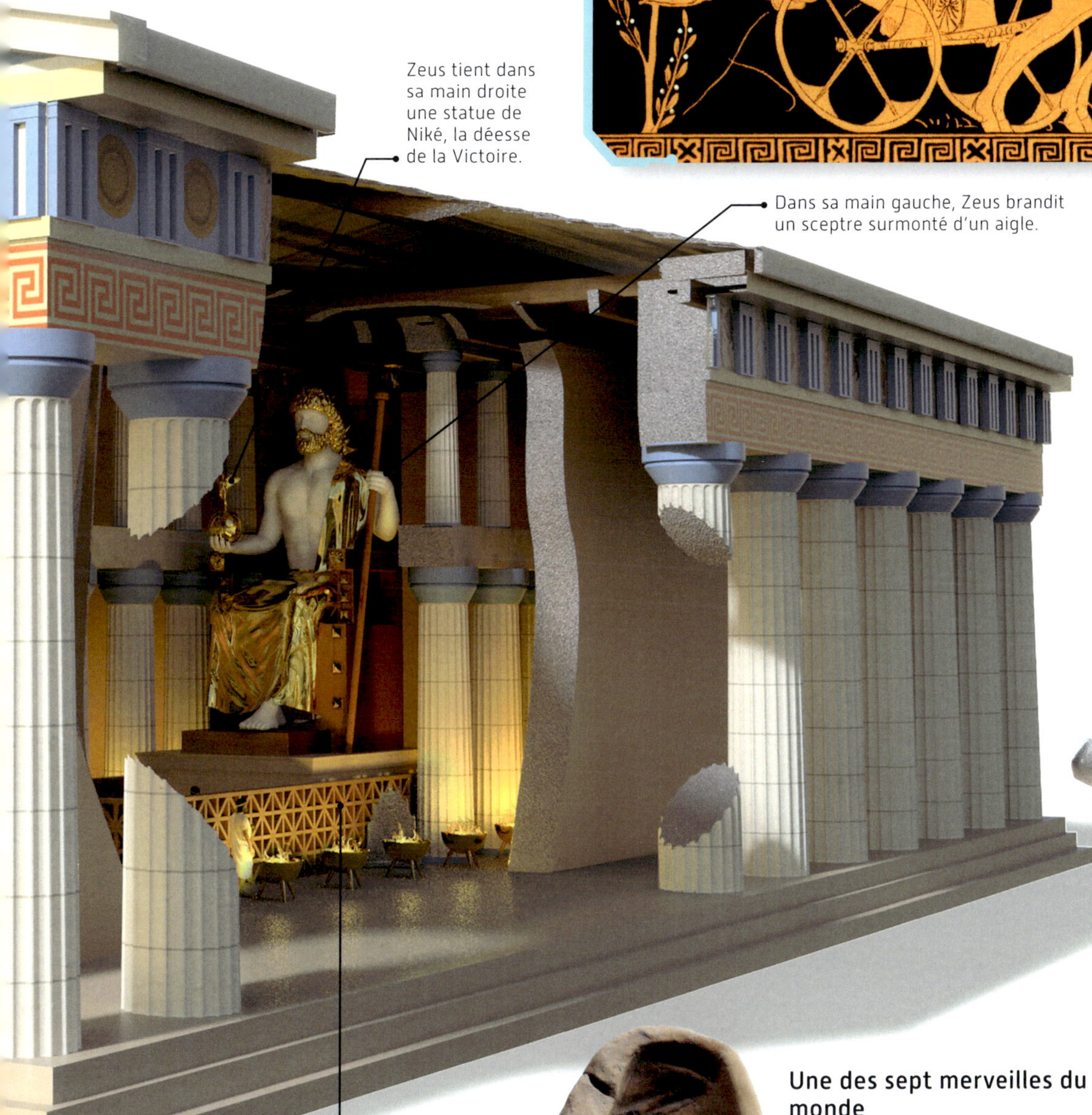

Zeus tient dans sa main droite une statue de Niké, la déesse de la Victoire.

Dans sa main gauche, Zeus brandit un sceptre surmonté d'un aigle.

La grande statue de Zeus est haute de 13 mètres.

La Niké de Paionios

Cette statue de la déesse de la Victoire, Niké, a été reconstituée à partir de fragments découverts par les archéologues en 1875. Niké est représentée en plein vol, avec des ailes, ses vêtements soufflés contre son corps. La statue mesurait à peu près 2 mètres. Elle était sculptée dans le marbre et était probablement peinte.

Seules des parties de ses bras ont été retrouvées.

Une des sept merveilles du monde

Au XXe siècle, des fragments des moules en argile utilisés pour créer la statue de Zeus ont été exhumés de l'atelier du célèbre sculpteur Phidias, à Olympie. La statue comptait parmi les sept merveilles du monde antique. Après l'interdiction des Jeux olympiques, elle fut acquise par les Romains et transportée à Constantinople. Elle y disparut dans un incendie.

On distingue les plis des vêtements de Zeus dans ce moule.

UNE VILLE ROMAINE

Au début de l'après-midi du 24 août 79 de l'ère commune, un nuage noir, de fumée, de cendres et de roches incandescentes, emplit le ciel au-dessus du port romain de Pompéi en pleine activité. Le Vésuve entrait en éruption ! Les cendres recouvrirent la cité, la préservant de toute destruction ultérieure. Les ruines offrent une image unique de la vie quotidienne des anciens Romains.

L'Empire romain
Pompéi est situé au sud de Rome, la capitale de l'Empire romain, dans la baie de Naples. La plupart des quelque 20 000 habitants de la ville étaient des citoyens de plein droit de l'empire.

Cruche bleue
Les cendres déversées par le Vésuve ont conservé dans de très bonnes conditions beaucoup d'objets fragiles, telle cette cruche en verre. Aux historiens qui l'examinent, elle livre des informations sur sa fabrication et son utilisation.

La couleur bleue est obtenue en additionnant un minéral, de l'oxyde de cobalt, au verre.

Cette personne s'est recroquevillée, accroupie, sous la pluie de cendres.

Les derniers moments
La pluie de cendres qui s'abattit sur Pompéi se figea rapidement autour des corps des victimes, là où elles étaient tombées en suffoquant. Avec le temps, la cendre et les débris se sont solidifiés. Les archéologues ont injecté du plâtre dans les cavités laissées par les corps pour modeler les silhouettes des défunts.

Les outils du métier
La fouille d'un site exige des archéologues un très grand soin. Des pinceaux, des pinces et des spatules les aident à dégager leurs découvertes.

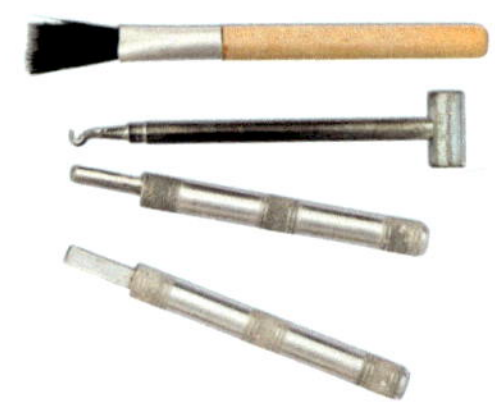

Les premières explorations
Le souvenir de la cité romaine ensevelie aux environs de Naples ne s'est jamais perdu, mais il fallut attendre 1748 pour que des fouilles soient engagées. Cette photo montre des archéologues au travail à Pompéi à la fin du XIXe siècle.

Reste de toit
Les victimes dégagées ici ont probablement été parmi les dernières à succomber au désastre. Leurs corps ont été retrouvés sur le toit d'une villa où elles ont probablement grimpé pour tenter d'échapper au danger.

À l'ombre d'un volcan
L'enceinte de l'antique Pompéi s'étend sur environ 3 kilomètres autour du site archéologique. Une ville moderne du même nom a été rebâtie à côté. Le Vésuve, le volcan dont l'éruption a anéanti la cité romaine, se dresse au-dessus des ruines. Il a connu beaucoup d'autres éruptions depuis la destruction de Pompéi, et personne ne sait s'il recommencera dans l'avenir.

1 L'enceinte
Un rempart contrôlait l'accès à la ville.

2 Un plan quadrillé
Beaucoup de cités romaines obéissaient à un plan quadrillé, les rues se croisant à angle droit.

L'éruption du Vésuve
Un jeune étudiant, Pline le Jeune, observa l'éruption du Vésuve. Son témoignage direct inspira plus tard des artistes, dont Pierre-Jacques Volaire à qui l'on doit cette image spectaculaire.

1
2
M HOLCONIVM
PRIS IIVIR I D
POMARI UNIVERSI
CUM HELVIO VESTALE ROG
3
4
5

LE DERNIER JOUR

Nous sommes le 24 août 79. Des citoyens de Pompéi bavardent, font leurs courses ou vaquent à leurs occupations quotidiennes dans l'allée des Vettii. Un noir panache de cendres s'élève de la montagne à l'horizon. Les gens ne savent qu'en penser. Doivent-ils réagir ? La ville a déjà subi des tremblements de terre auparavant, mais cette fois, la menace semble très différente…

1 Nuage de cendres
L'impressionnant nuage de cendres craché dans le ciel est le premier avertissement de la terrible éruption à venir.

2 Une enseigne
Les magasins étaient signalés par des enseignes sculptées, telle celle-ci, représentant un singe.

3 Marchandage
Aulus Vettius Conviva négocie le meilleur prix pour la restauration d'une fresque endommagée par un tremblement de terre.

4 Des origines diverses
Ce Nord-Africain est l'un des nombreux habitants de Pompéi issus d'une lointaine province de l'empire.

5 Passage piéton
Ces blocs de pierre permettaient aux passants de traverser la rue sans se mouiller les pieds.

6 Réparation d'un toit
Ces tuiles ont été abîmées par un récent tremblement de terre. Il y avait toujours quelque chose à réparer à Pompéi.

7 Un graffiti romain
Les Romains n'étaient pas les derniers à laisser des graffitis sur les murs. Celui-ci dit : « Secundus salue sa chère Prima. »

8 Une boulangerie
Il y avait au moins trente-cinq boulangeries à Pompéi. Acheter du pain était plus facile que de le cuire à domicile.

9 Restauration rapide
La plupart des gens n'avaient pas de cuisine. Ils achetaient leur repas dans des gargotes comme celle-ci.

10 Accident !
Cet esclave a laissé tomber une amphore d'huile d'olive, un ingrédient de base de la cuisine romaine.

11 Plus d'eau !
La fontaine est tarie. Le tremblement de terre a probablement endommagé l'aqueduc.

PANIQUE DANS LA BOULANGERIE

Le boulanger s'active depuis l'aube, il est habitué à la chaleur et ne voit rien d'anormal. Autour de lui, cependant, les gens sont inquiets. Pourquoi la terre tremble-t-elle ? Comment expliquer ce panache de cendres au-dessus de la montagne ? Peut-être est-il temps de fuir la ville, juste au cas où il y aurait du danger.

Un pain antique
Ce pain a été découvert dans le four d'un boulanger d'Herculanum, une ville voisine. La chaleur de l'éruption l'a carbonisé et conservé en l'état. Le tampon à gauche est la garantie de sa bonne qualité.

La femme du boulanger rassemble les économies de la famille avant d'essayer de quitter la ville.

La boulangerie est construite en pierres de taille maintenues par un mortier.

Les murs des maisons romaines étaient recouverts d'une fine couche de plâtre qui leur donnait un aspect lisse.

Un ami s'est hâté de prévenir le boulanger et sa femme. La situation est sérieuse. Cet épais nuage de cendres noires grossit très vite, dehors.

L'apprenti du boulanger s'enfuit, tirant l'âne affecté à la meule derrière lui.

Le sol de la boulangerie doit être constamment lessivé pour enlever la farine.

Les dalles de pierre étaient résistantes et faciles à nettoyer.

Les ânes coûtaient cher. Ce boulanger devait faire de bonnes affaires.

Trésor perdu
Les pièces de monnaie romaines étaient en or, en argent ou en bronze. Le portrait de l'empereur régnant y était gravé. Ces pièces de bronze montrent l'empereur Vespasien.

Ces pièces ont été retrouvées parmi 1 385 autres dans une grande jarre en argile.

« Les gens **se lamentaient sur leur malheur** ou celui de leurs proches. Certains, **par peur de la mort, appelaient la mort**. »

- Pline le Jeune, auteur latin (62-113) -

Du grain au pain

Les boulangeries romaines moulaient leur propre farine. Les pains étaient cuits dans d'imposants fours chauffés au bois. Une grande boulangerie était équipée habituellement de plusieurs meules. Chaque meule se composait de deux énormes pierres qui écrasaient les grains entre elles. La meule était actionnée par un âne, un cheval ou un homme.

Derniers instants

Les Romains élevaient des chiens, aussi bien comme compagnons que comme chiens de garde. Celui-ci était attaché par un collier quand le Vésuve s'est réveillé. Incapable de prendre la fuite, il est mort à son poste.

Les anciens Romains vénéraient de nombreux dieux, dont Vulcain, le dieu du Feu, qu'ils adoraient dans l'espoir qu'il les préserve des éruptions volcaniques. Le 23 août, chaque année, commençait une fête religieuse en son honneur, les Vulcanalia.

LA TAVERNE TREMBLE

Les habitants de Pompéi fréquentent cette taverne pour y acheter un repas ou boire un pichet de vin. Normalement les clients échangent les dernières nouvelles et passent commande, mais aujourd'hui l'atmosphère est lourde. Les tremblements de terre sont plus fréquents que d'habitude, et les gens commencent à prendre peur.

Garnitures pour plats à emporter
Les habitants de Pompéi mangeaient beaucoup de fruits et de légumes, avec du poisson, des fruits à coque, des olives et des lentilles. L'éruption a carbonisé certains plats et les a préservés pendant des centaines d'années.

Restes de figues carbonisées

Noix

Au comptoir
Les Romains appelaient *thermopolium* ce genre de lieu de restauration rapide. On y servait à la louche des plats tout préparés conservés dans de grandes jarres en terre cuite insérées dans le comptoir. Au menu, soupes, ragoûts, pain et fromage.

De nombreuses entreprises affichaient leur nom sur la façade.

Une cruche ordinaire
La plupart des gens utilisaient des assiettes, des tasses et des cruches en argile, les plus riches les préféraient en bronze. Cette cruche en forme de coq a pu contenir de l'eau ou du vin.

Occupé à réparer le toit, cet artisan vient juste de remarquer la taille du nuage de cendres qui recouvre la ville.

Ustensiles de cuisine
Le cuisinier d'un *thermopolium* devait nourrir de nombreux clients affamés. Il jonglait avec toute une série d'ustensiles pour travailler vite et bien : des pinces, des presse-agrumes, des louches, la plupart probablement en bronze.

Fresques
Les Romains peignaient des fresques sur les murs. Les murs étaient badigeonnés puis rapidement peints, tant que l'enduit était encore frais. Les couleurs se fixaient à mesure que le plâtre séchait.

Une sculpture en forme de tête de taureau décore la fontaine.

Le *garum* était stocké et transporté dans de grandes jarres en terre cuite appelées amphores.

Sauce au poisson
Le *garum* était la sauce préférée des Romains. On l'obtenait en laissant fermenter ensemble de la chair et des viscères de poisson, mélangées à du sel. La fabrication du *garum* devait être particulièrement malodorante.

MOSAÏQUE DE LA VIE MARINE

Les murs et les sols des plus importantes villas romaines étaient revêtus de mosaïques – des tableaux faits de petits cubes de verre, de pierre et d'éclats de poteries. Ce magnifique exemple d'une grande finesse d'exécution représente certains des animaux marins préférés des Romains. Il a été découvert dans une maison à Pompéi.

UN MONASTÈRE MÉDIÉVAL

Autrefois un monastère florissant (une communauté de moines chrétiens), Lindisfarne a été victime de l'un des premiers raids vikings en Angleterre. Il ne subsiste presque plus rien des bâtiments originels, si bien que les archéologues doivent creuser profondément le sol à la recherche d'indices sur ce qui fut un centre d'art et d'étude célèbre.

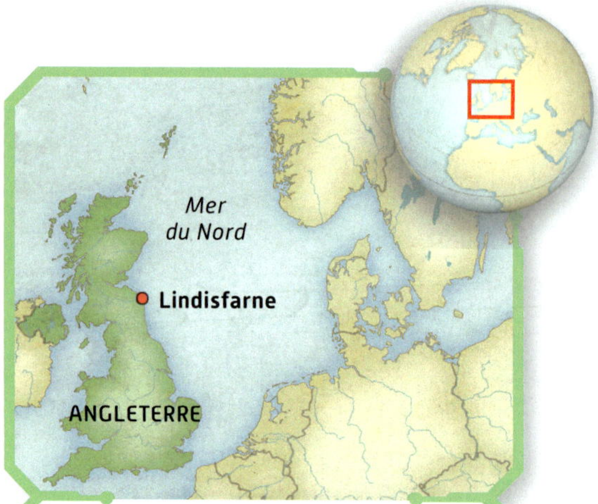

Un cadeau du roi
L'île de Lindisfarne est très proche de la côte de ce qui est aujourd'hui l'Angleterre. Le monastère a été fondé en 635 par le roi Oswald du royaume anglo-saxon de Northumbrie. Il demanda à un moine nommé Aidan d'y installer une communauté. Le nouveau monastère ne se trouvait qu'à quelques jours de navigation de la Scandinavie – la patrie des Vikings.

Anneaux et ossements
Cette paire d'anneaux a été retrouvée autour d'une phalange – elle appartenait probablement à un pèlerin qui mourut au monastère.

Monnaies anglo-saxonnes
Ces pièces de grande valeur ont été frappées en Northumbrie et dans le royaume voisin du Yorkshire. Lindisfarne était riche et attirait de nombreux visiteurs fortunés.

Une stèle sculptée
Les sépultures de Lindisfarne étaient signalées par des stèles nominatives. Celle-ci a été taillée dans le grès à peu près au moment du raid viking. Elle était probablement peinte de couleurs vives et a pu être sertie d'un bijou.

Les ruines du prieuré du XIIe siècle dominent le site du monastère anglo-saxon primitif.

Chantiers de fouille sur l'île

Le raid viking de 793 n'a pas anéanti toute la vie religieuse de Lindisfarne. Les moines ont continué à vivre là et, environ cinq cents ans plus tard, un nouveau prieuré a été érigé. Ce sont ses ruines que l'on peut encore voir aujourd'hui. Les archéologues entreprennent régulièrement des campagnes de fouilles pour mettre au jour les différentes couches d'occupation de l'île.

Jeux de pierres

Ce minuscule morceau de verre bleu et blanc était un pion d'un jeu de stratégie appelé *tafl* (prononcez taffeul), un peu semblable aux échecs. Il a peut-être été enterré avec un riche personnage, homme ou femme. Les Vikings avaient leur propre version du *tafl*. Ce jeu était répandu dans toute l'Europe du Nord.

Avec sa «couronne» de cinq perles blanches, ce pion était probablement le roi.

Fer forgé viking

Au contraire des tissus, les outils et les armes en fer peuvent subsister sous terre pendant des siècles. La poignée de cette épée viking était peut-être enveloppée d'une lanière en cuir pour en faciliter la saisie. Le cuir a pourri, laissant le fer à nu.

La garde protégeait la main du guerrier pendant le combat.

1 Chasse à l'homme
Ce Viking poursuit un moine qui s'enfuit en emportant l'un des trésors de l'église.

2 Le dortoir
Les logements des moines et des pèlerins ont été saccagés et livrés aux flammes.

3 L'église
Édifiée en pierre, l'église ne brûle pas, contrairement aux habitations de bois.

4 Sauve qui peut
Les habitants du village, qui a grossi à l'ombre du monastère, tentent de fuir.

5 Prisonniers
Les captifs alignés vont être embarqués dans les navires. Une dure vie d'esclave les attend en Scandinavie.

6 Cheval fou
Devant la forge, un cheval prêt à être ferré rue de terreur.

LE RAID VIKING

Alors que le soleil d'été se couche sur Lindisfarne, une flotte d'étranges navires se glisse furtivement dans le port. Dans quelques heures, la paisible localité sera réduite en un amas de ruines fumantes par des envahisseurs déchaînés, avides de butin et de captifs.

7 Autodéfense Le forgeron brandit son lourd marteau pour essayer de repousser les assaillants.

8 Sans pitié Un Viking menace un villageois qui tentait de défendre sa maison et sa famille.

9 La croix de pierre La croix sculptée honore saint Cuthbert, évêque de Lindisfarne, qui est enterré sur l'île.

10 Livre saint Un moine supplie ses ravisseurs de ne pas voler le précieux manuscrit sur lequel il a travaillé pendant des mois.

11 Cochon en liberté Un porcelet s'est échappé d'une ferme. Les cochons du Moyen Âge étaient plus petits et poilus que de nos jours.

12 Voiles déployées Ce drakkar a hissé ses voiles et s'apprête à rentrer en Scandinavie.

SAINT CUTHBERT

Quelque cent ans avant le raid viking de 793, le moine Cuthbert fut nommé évêque de Lindisfarne par le roi Oswald de Northumbrie, un royaume du nord de l'Angleterre. Après sa mort, les fidèles venus prier sur sa tombe relatèrent nombre de miracles. En l'espace de quelques années, le monastère se mit à attirer des milliers de pèlerins.

L'intérieur des églises anglo-saxonnes est décoré avec art, les murs et les arches sont peints.

Un centre de dévotion
La plus vaste des nombreuses églises du monastère était le cœur battant de la communauté. Les moines y priaient tout le jour, et un flux permanent de visiteurs venaient s'incliner dans le sanctuaire de saint Cuthbert.

Ce Viking est sur le point de capturer un moine en fuite.

Les chandeliers et les crucifix en or disposés sur l'autel sont les cibles privilégiées des pillards.

De jeunes novices attrapent de précieux parchemins pour essayer de les protéger des Vikings.

Coffre au trésor
Les églises conservaient leurs trésors les plus précieux dans des coffres magnifiquement ouvragés. Ce coffre italien en argent est orné de figures religieuses.

LA VIE À LINDISFARNE

L'île de Lindisfarne est minuscule, mais le monastère est célèbre dans toute la chrétienté. Les pèlerins se pressent par milliers pour admirer le travail des moines, les beaux manuscrits et les somptueux objets de culte. Un village prospère, mais malheureusement sans défense, s'est développé autour du monastère. L'île constituait une cible idéale pour les Vikings.

Les Évangiles de Lindisfarne
Ce magnifique manuscrit à la calligraphie raffinée serait l'œuvre du moine Eadfrith. Il a survécu jusqu'à nos jours, bien que sa couverture, qu'on dit avoir été d'or sertie de joyaux, ait disparu, peut-être volée par les Vikings.

Précieux chevaux

Hormis les voyages par mer, le cheval était le moyen le plus rapide de se déplacer dans le monde anglo-saxon. Les forgerons jouaient un grand rôle. Ils fabriquaient les fers protégeant les sabots et les étriers qui rendaient les chevauchées plus faciles.

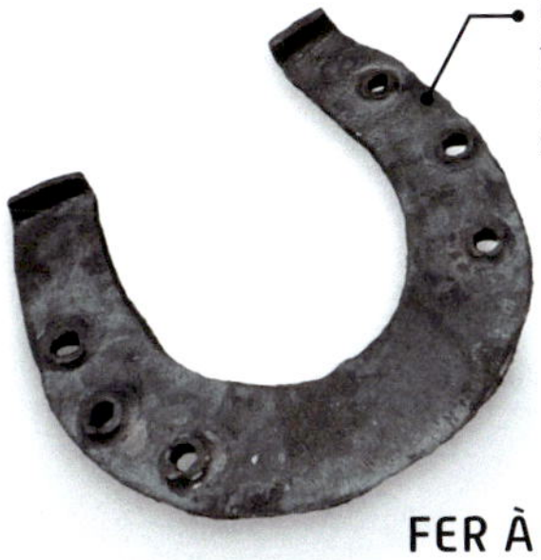

Ces rivets fixaient le fer au sabot.

FER À CHEVAL

ÉTRIER

Le pied du cavalier reposait sur la barre.

Un forgeron de légende

Les forgerons étaient très respectés. Des mythes et des récits populaires leur étaient consacrés. Ce coffret illustre la légende de Wayland (à l'extrême gauche), un forgeron de grand talent qui tira une revanche sanglante du roi qui l'avait capturé.

La forge du village

Le forgeron était un membre important de la communauté. Il fabriquait et réparait des outils dans son atelier. Beaucoup de villageois s'en remettaient à lui pour réparer les instruments qu'ils utilisaient tous les jours.

Les précieux outils du forgeron sont suspendus ici, à la vue de tous. Ils finiront entre les mains d'un Viking.

Le toit en chaume peut s'enflammer facilement. Le forgeron doit veiller à ce qu'une étincelle échappée de son four ne s'y envole pas.

Les chevaux coûtent cher. Celui-ci appartient à un propriétaire terrien local.

Le courageux apprenti du forgeron se prépare à affronter un Viking aux côtés de son maître.

Le forgeron passe ses journées à manipuler de lourds objets. C'est l'un des hommes les plus forts du village. Une force qu'il va mettre à profit pour résister aux pillards.

Ce Viking recherche des épées ou toute autre chose qui peut servir d'armes.

Des objets du quotidien

À Lindisfarne, les archéologues ont découvert des outils agricoles, des marmites, des épingles et des couteaux en fer, ainsi que des épées et des pointes de lance.

ÉPINGLE

LE DRAKKAR VIKING

Partis de leur patrie en Scandinavie, les Vikings qui ont ravagé Lindisfarne ont traversé la mer du Nord vers l'ouest sur des centaines de kilomètres. Tout autant que de vaillants guerriers, c'étaient d'excellents marins et des experts en construction navale. Ces qualités leur permettaient de naviguer sur de longues distances et des mers houleuses.

Tranchant en acier trempé.

Hache de combat
Sa lame tranchante incurvée et son long manche que l'on pouvait saisir à deux mains faisaient de cette hache une arme redoutable.

Casque
Les casques en fer comportaient souvent une visière et un front nasal pour protéger les yeux et le visage. L'intérieur était fourré de tissu. Une sangle en cuir maintenait le casque sous le menton.

Dragon protecteur
Les dragons avaient beaucoup d'importance aux yeux des Vikings. Cette épingle en métal représente la tête du dragon Nidhogg qui, dans la mythologie nordique, grignote les racines de l'arbre de vie Yggdrasil, où vivent les dieux, les géants et les hommes.

Veste en cuir rembourré avec du lin.

Guerriers à temps partiel
Les Vikings qui ont attaqué Lindisfarne n'étaient pas des guerriers à temps plein. La plupart étaient surtout paysans ou pêcheurs. Ils revêtaient des armures en métal s'ils pouvaient s'en procurer, et sinon des tuniques en cuir rembourré.

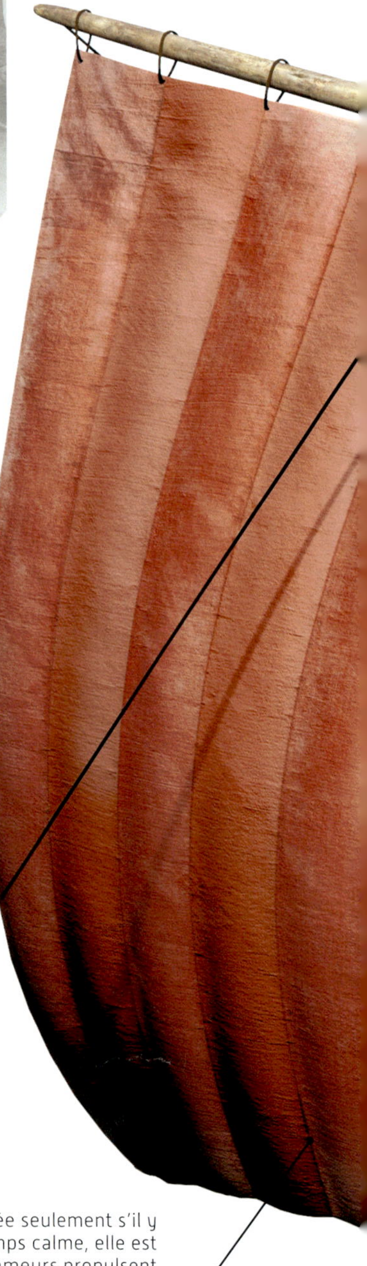

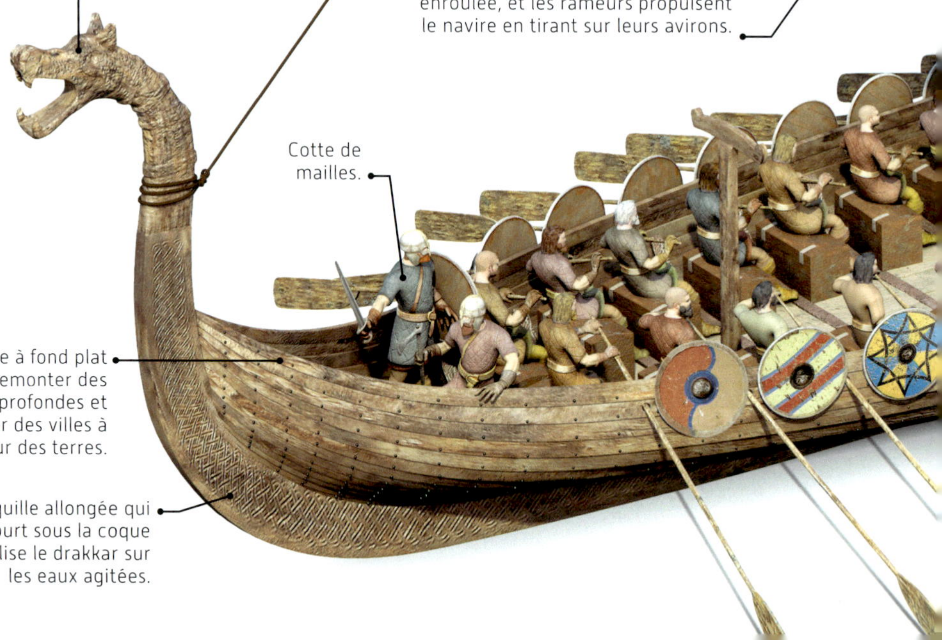

Le dragon sculpté sur la proue doit chasser les mauvais esprits et faire peur aux ennemis.

La voile est utilisée seulement s'il y a du vent. Par temps calme, elle est enroulée, et les rameurs propulsent le navire en tirant sur leurs avirons.

Cotte de mailles.

La coque à fond plat permet de remonter des rivières peu profondes et d'attaquer des villes à l'intérieur des terres.

La quille allongée qui court sous la coque stabilise le drakkar sur les eaux agitées.

« Les païens venus **du Nord** arrivèrent sur des navires, comme **des frelons munis de leur dard** et se répandirent partout comme des loups effroyables. »

– Siméon de Durham, historien médiéval (1060-1129) –

LA MYTHOLOGIE NORDIQUE

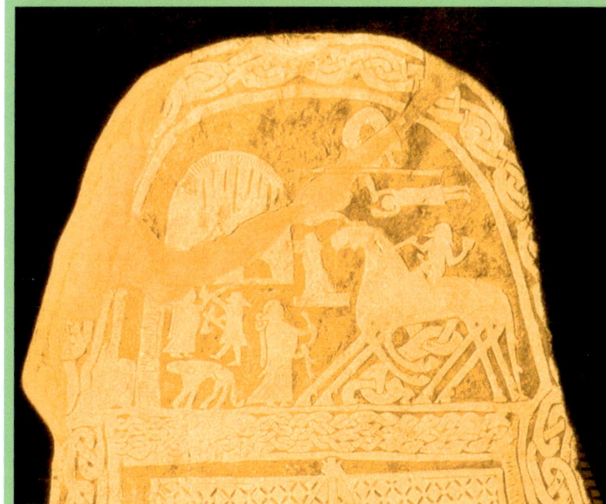

Les Vikings croyaient que des dieux et des déesses régissaient la nature et décidaient de leur destin. Sur cette pierre sculptée, on voit Odin, le dieu le plus puissant, chevauchant son destrier à huit pattes. Il réside dans le Valhalla, où les guerriers morts au combat trouvaient leur récompense après leur mort.

Un marin tient la barre et modifie la direction du navire.

L'avant et l'arrière du bateau, la poupe et la proue, sont semblables, si bien que le drakkar peut faire marche arrière sans se retourner.

Des rames longues et minces propulsent le bateau.

Les boucliers en bois comportent un rond central en acier, pour protéger les mains des coups.

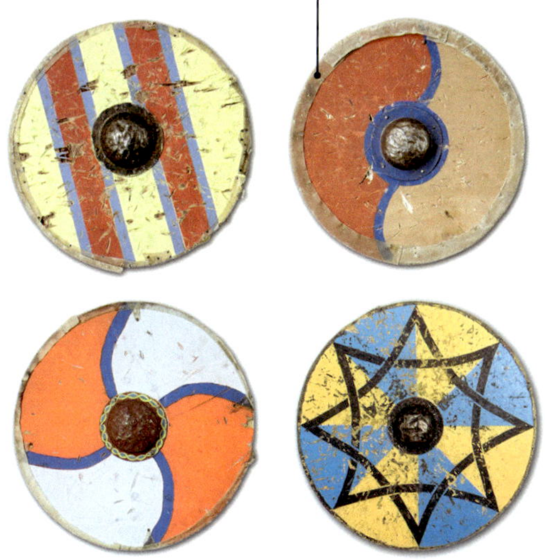

Boucliers ronds

Les boucliers des Vikings arboraient fréquemment des couleurs éclatantes qui signalaient le lien de leur propriétaire avec un clan ou un chef. En mer, les boucliers étaient accrochés le long du navire pour protéger les rameurs et effrayer leurs ennemis.

constituta .e. qua fabulę poetaru intastra
mi nerua quę primu ea excogitasse
inuium fuerat hominib: p...
Habet autem stellas
mo mali .iii. sub cari...

A tedius ad la... uda serpens plabitur argo .
Generam... ...

UNE RÉPUTATION DE FÉROCITÉ

Les Vikings se lancèrent à l'assaut des côtes de l'Europe de l'Ouest à la fin du VIIe siècle. Cette enluminure d'un manuscrit anglo-saxon montre un drakkar prêt à l'attaque. Mais les Vikings furent aussi des explorateurs. À l'ouest, leurs bateaux atteignirent les côtes du Canada, au sud celles de l'Afrique du Nord. Ils commerçaient également à travers l'Europe, jusqu'en Russie et en Asie centrale.

UN PUITS À DEGRÉS INDIEN

Des volées d'escaliers symétriques descendent vers l'eau fraîche au fond du puits à degrés de Chand Baori, construit au IXe siècle par le raja Chanda, un roitelet du clan des Rajput. Beaucoup de puits semblables furent creusés en Inde pendant plus d'un millénaire, souvent offerts par des reines aux villageoises. Autant que des points d'eau, c'étaient de beaux exploits techniques.

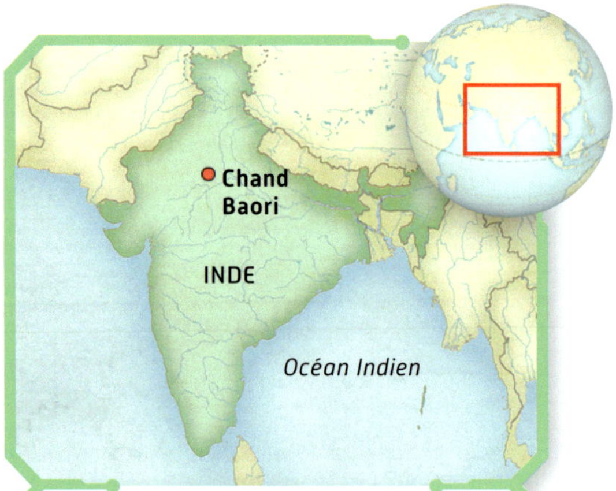

Au nord-ouest de l'Inde
Le puits est proche du village d'Abhaneri, dans la région du Rajasthan, entre les villes de Jaipur et d'Agra, au sud de la capitale de l'Inde, New Delhi.

Des puits qui défient le temps
Les plus beaux puits à degrés ont été construits dans la région aride du nord-ouest indien. Comme le montre cette photo, le puits d'Adalaj dans le Gujarat était toujours en usage à la fin du XIXe siècle. Une fois qu'elles ont rempli d'eau des pots en argile ou en laiton, des femmes les empilent en équilibre sur leur tête avant de remonter les escaliers.

Statue de Durga, déesse guerrière hindoue et mère de l'univers, à Chand Baori.

Dieux des eaux
Certains puits sont ornés de délicates statues de dieux, de déesses et d'esprits des eaux. Tout autant que des sources d'approvisionnement en eau, les puits étaient des lieux où l'on pouvait prier, méditer et laisser des offrandes aux déités hindoues. Beaucoup de puits sont encore fréquentés comme des lieux de dévotion aujourd'hui.

Plan du puits
Souvent financés par de riches donatrices pour aider les villageoises à collecter l'eau, les puits à degrés indiens étaient conçus pour pouvoir atteindre les réserves d'eau souterraines. Leurs parois abruptes ombrageaient l'eau et rafraîchissaient les femmes.

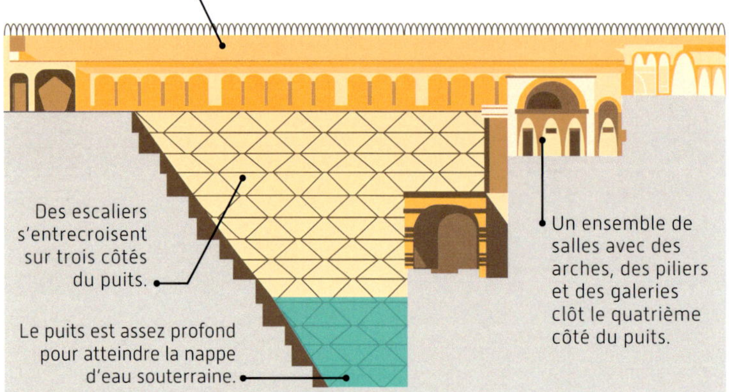

Aujourd'hui une allée d'arches couvertes entoure le haut du puits.

Des escaliers s'entrecroisent sur trois côtés du puits.

Le puits est assez profond pour atteindre la nappe d'eau souterraine.

Un ensemble de salles avec des arches, des piliers et des galeries clôt le quatrième côté du puits.

Chand Baori aujourd'hui

Le puits est profond de 30 mètres et descend sur 13 niveaux, comptant 35 000 marches en zigzag. Les arches décoratives le long de l'allée ont été ajoutées au XVIIIe siècle, quand l'Inde était gouvernée par la dynastie moghole. Des rampes modernes au bord du puits et à mi-pente protègent les visiteurs des chutes.

1 Les bâtiments autour du puits ont été élevés par les Moghols, qui ont aussi décoré les salles du quatrième côté. Le puits carré est en fait une pyramide inversée.

2 Les milliers de marches donnaient accès à l'eau retenue dans le tréfonds du puits.

Puits à réparer

Nombre de puits à degrés sont abîmés. Ces dernières années, des groupes de femmes ont joué un rôle déterminant dans leur restauration. Elles les réparent et les nettoient, rendant à nouveau l'eau potable.

LA COLLECTE DE L'EAU

La journée est torride à Chand Baori. De nombreuses femmes du village voisin viennent puiser de l'eau fraîche et pure. Les pots d'eau sont lourds à remonter de marche en marche, mais la fraîcheur de l'air et l'échange de nouvelles entre amies donnent du courage pour l'ascension.

Le palais des vents
Lutter contre la chaleur a toujours été important en Inde. Tandis que les villageoises savouraient la fraîcheur des puits, les femmes fortunées goûtaient l'air frais derrière les fenêtres grillagées de leurs palais, telles celles-ci, à Jaipur, vers 1799.

Une question d'équilibre
Puiser l'eau demandait tellement de temps aux femmes qu'un style de musique en est né, appelé *panihari*. Toujours en vogue, on y entend des femmes chanter en dansant, des récipients sur la tête.

Ce sont toujours les femmes qui cherchent l'eau, jamais les hommes.

Les marches étroites mènent à l'eau fraîche et limpide du réservoir.

Le niveau de l'eau varie d'une saison ou d'une année à l'autre, selon que le réservoir est plus ou moins rempli.

Musique de fête
Les jours de marché ou de fête, la foule s'assemblait autour du puits. Des musiciens ambulants divertissaient peut-être les badauds au son des *shehnai*, sortes de flûtes, des tambours et des instruments à cordes.

1 Vache sacrée
En Inde, les vaches sont sacrées. Celle-ci se repose à l'ombre d'un arbre arrosé à l'eau du puits.

2 Chants et danses
Pour alléger leur fardeau, des femmes chantent et dansent sur des airs qui parlent de pluie et d'amour.

3 Musiciens
Un groupe s'exerce. La musique se répand dans l'air, rendant le pas des femmes plus léger.

4 Au bord du puits
Des femmes arrivent au puits, des pots vides en équilibre sur leur tête.

5 Bijoux
Des bracelets colorés tintent au bras des femmes au rythme de leurs pas.

6 Lieu de rencontre
Des femmes profitent de la fraîcheur du puits pour bavarder et échanger des informations.

7 Les marches
Gravir les escaliers est pénible, surtout au retour, quand les pots sont pleins d'eau.

8 Saris colorés
Les femmes portent de longues robes de coton fin teint de beaux motifs colorés et lumineux.

9 Plouf !
Les enfants ne peuvent résister à l'attrait de l'eau fraîche. Ils plongent et se réjouissent de nager ensemble.

10 Bains rituels
Des gens se lavent pour se purifier avant de se rendre au temple voisin.

11 La collecte de l'eau
Les femmes plongent leurs pots dans le réservoir, laissant l'eau fraîche y entrer et les remplir.

UN PALAIS SWAHILI

Ce palais fut bâti vers 1300, par le sultan de Kilwa, soucieux d'imposer son île comme l'un des centres de commerce les plus importants de la côte swahilie en Afrique de l'Est. Kilwa était l'un des maillons d'un vaste réseau qui s'étirait le long de l'océan Indien. Les navires de commerce prenaient la mer, portés par les vents annuels de la mousson et ne repartaient qu'après que les vents avaient changé. Ils apportaient des influences étrangères qui se mélangeaient à la riche culture locale.

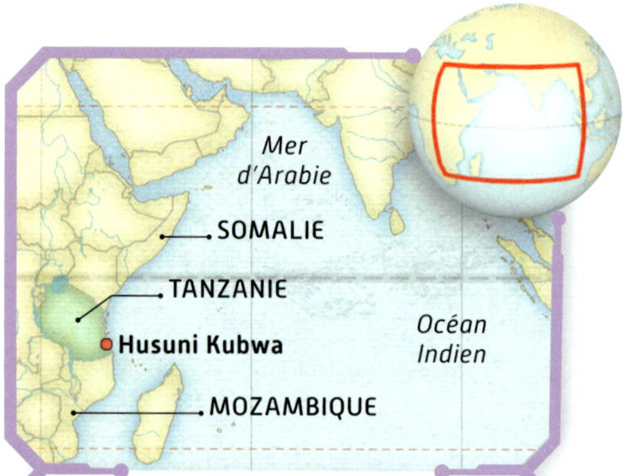

La côte swahilie
Les populations swahilies sont égrenées sur la côte orientale de l'Afrique, depuis le nord de l'actuelle Somalie jusqu'à Sofala, dans le Mozambique d'aujourd'hui, au sud.

Husuni Kubwa est érigé sur la côte nord de l'île de Kilwa Kisiwani.

Les ruines de la grande mosquée de Kilwa, l'une des premières de la côte africaine orientale.

L'île de Kilwa Kisiwani
Les îles le long du littoral offraient des abris à l'écart du grand large et devinrent d'importants centres de commerce. Kilwa Kisiwani pouvait s'enorgueillir d'une ville florissante et d'une grande mosquée, à deux pas du palais du sultan.

Perles en verre, argile et minéraux trouvées à Husuni Kubwa.

Jolies et utiles
Les perles servaient aux échanges commerciaux comme à la fabrique de longs colliers pour les femmes swahilies. On a retrouvé beaucoup de perles importées à Kilwa, à côté de perles locales en aragonite, un minéral sécrété par un coquillage, le bénitier.

Les inscriptions de cette monnaie sont en arabe.

Les couplets rimés commencent sur un côté et se terminent sur l'autre.

Monnaie locale
Les pièces de monnaie facilitent le commerce, aussi n'est-il pas étonnant que nombre d'entre elles aient été frappées à Kilwa, en cuivre. On y inscrivait des poèmes en l'honneur du sultan régnant.

Les archéologues utilisent un grand tamis pour repérer les objets dissimulés dans le sable.

Fouilles minutieuses
Le sol de Kilwa recèle de nombreux vestiges de la vie quotidienne. Les archéologues tamisent le sable et la terre à la recherche de morceaux de poteries, de perles et de pièces de monnaie.

Des ruines splendides

Husuni Kubwa, appelé aussi le «grand palais», est spectaculaire mais fut utilisé peu de temps. On ignore quand le sultan l'abandonna. Le site est désormais en ruine, mais les fouilles archéologiques ont livré quantité d'informations sur le commerce et le mode de vie swahilis, un mélange dynamique des cultures africaine, asiatique et arabe.

1 La mangrove a envahi le site. Autrefois elle était contenue, laissant libre une large voie d'eau vers le palais.

2 Récoltées sur les récifs au large, des pierres corail étaient utilisées pour les toits et les fresques murales. Elles gisent sur le sol, là où les toits se sont effondrés.

Piscine avec vue

Le sultan se baignait dans cette piscine découverte. Il jouissait d'une vue incomparable sur la mer. Plutôt pratique pour surveiller l'arrivée des navires pendant sa toilette.

3 Le sultan et sa famille vivaient dans une série de pièces privées groupées autour de plusieurs cours intérieures. Aucun visiteur n'était admis dans cette partie du palais.

4 Les marchandises étaient rassemblées et échangées dans cette grande cour ouverte. Marchandages et trocs en différentes langues devaient résonner entre ces hauts murs.

1 Le sultan
Vêtu de sa longue robe blanche, le *kanzu*, le sultan s'apprête à se baigner.

2 Coiffure
Des femmes de la famille du sultan assises près de la piscine tressent leurs cheveux.

3 Commerçants
Des marchands étrangers et des dignitaires guettent une occasion de rencontrer le sultan.

4 Ibn Battuta
Le fameux voyageur marocain est impressionné. Il prend des notes dans son journal.

5 Passe-temps
Ces marchands trompent l'attente en jouant au jeu de *bao*.

6 Trafic intense
Des boutres de toutes tailles voguent sur les eaux turquoise. Certains feront escale, d'autres pas.

7 Nouveaux arrivants
Des porteurs et des marins déchargent les précieuses marchandises du boutre amarré au bas des marches.

8 Défenses d'ivoire
De grosses défenses d'éléphants en provenance du royaume du Grand Zimbabwe sont exposées dans la cour.

LES AFFAIRES ET LE LOISIR

En 1331, le palais du sultan déborde d'activités. Les navires marchands vont et viennent, chargés de produits exotiques. Mêlés à d'autres visiteurs, des commerçants patientent dans la cour dans l'espoir d'une audience du sultan. Pour lui, rien ne presse. Il savoure le calme de ses appartements privés et se prépare à se tremper dans les eaux fraîches de sa piscine personnelle octogonale.

Les appartements des femmes
Les épouses et les enfants du sultan vivent dans les appartements privés, à l'écart des visiteurs. Leurs chambres sont somptueuses, les murs décorés de motifs sophistiqués et de niches.

Les niches du mur étaient pleines d'objets précieux.

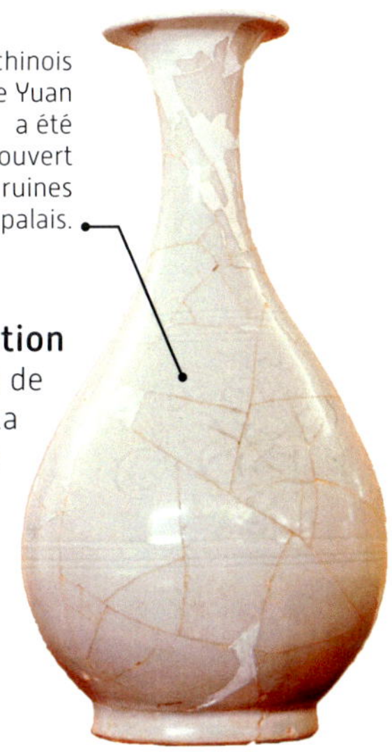

Ce vase chinois d'époque Yuan a été découvert dans les ruines du palais.

Porcelaine d'importation
On a trouvé beaucoup de céramiques à Husuni Kubwa. La porcelaine fine était importée d'Arabie, de Perse, d'Inde et de Chine. Des fragments de poteries souvent incrustés dans les murs composaient des motifs délicats.

Voile triangulaire latine.

Les boutres
Les bateaux de transport appelés boutres sillonnaient l'océan Indien. Ils avaient un ou deux mâts et des voiles triangulaires inclinées. Les plus grands traversaient l'océan, les plus petits cabotaient le long de la côte swahilie.

Pièces de graines polies.

Plateau de *bao*
Populaire au Moyen Âge, le jeu connu en swahili sous le nom de *bao* est encore pratiqué aujourd'hui. Deux joueurs déplacent l'un après l'autre leurs graines dans les cavités du plateau et tentent de capturer les pièces de l'adversaire.

UN CHÂTEAU MÉDIÉVAL

Les murailles du château de Bonaguil s'élèvent comme des falaises sans aspérité au-dessus de la campagne française. Chaque pierre a été disposée dans le but de protéger les occupants et de tenir les ennemis à distance. Les guerres du Moyen Âge ont entraîné la construction de nombreux châteaux forts en Europe. La plupart étaient habités, on y travaillait et c'était aussi des dispositifs militaires.

Un territoire contesté

Le château de Bonaguil est situé dans le sud-ouest de la France, une région très disputée au Moyen Âge. Perché sur une colline rocheuse, il domine et surveille la campagne alentour.

La guerre de siège

Les châteaux en imposaient avec leurs murs épais et leurs solides défenses. Si les assaillants échouaient à percer les murailles, ils encerclaient le château, puis attendaient que les assiégés sortent en quête d'eau, de nourriture ou de flèches.

Une caricature de Viollet-le-Duc, tenant en main l'un de ses projets, la restauration de Notre-Dame de Paris.

Passion pour la restauration

De nombreux châteaux tombèrent en ruine pendant la Révolution française, à la suite de la mort ou de l'exil des nobles. Sous la houlette de l'architecte Eugène Viollet-le-Duc, on recommença à s'y intéresser à la fin du XIXe siècle. Viollet-le-Duc exécuta des croquis de Bonaguil, qui échappa cependant aux restaurations fantaisistes qu'il entreprit dans d'autres châteaux qu'il avait visités.

D'étroites fenêtres étaient ménagées pour que les archers puissent décocher des flèches.

Passage secret

Creusé dans le rocher sous le château, un passage secret reliait les postes de défense intérieurs et permettait aux défenseurs de changer de position sans se faire repérer.

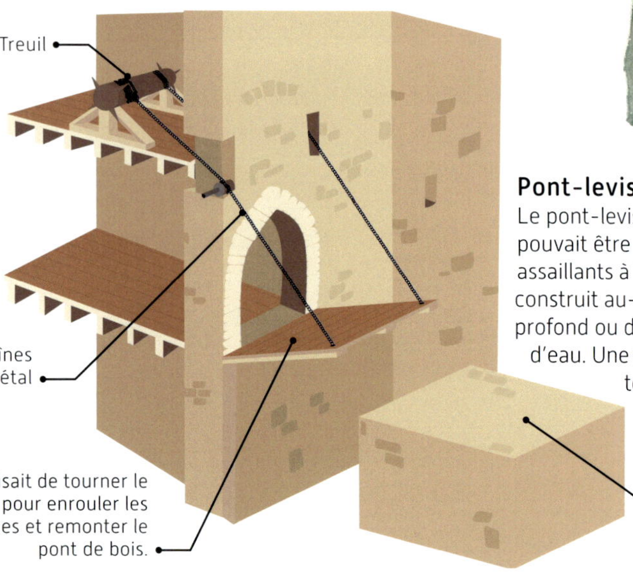

Pont-levis

Le pont-levis d'un château pouvait être relevé, arrêtant les assaillants à l'extérieur. Il était construit au-dessus d'un fossé profond ou d'une douve emplie d'eau. Une fois levé, il interdisait tout accès au château.

Une évolution permanente

Les fondations du XIIIe siècle sont les parties les plus anciennes du château. Le château fut agrandi au XVe siècle. Les améliorations incluaient une porte fortifiée, des ponts-levis et six tours. Mais lorsque les travaux ont été achevés, la France est entrée dans une période de paix relative. Les menaces se sont éloignées du château.

1 Dans cette partie du château s'exécutaient les tâches du quotidien : la lessive dans la blanchisserie et la cuisson du pain dans la boulangerie.

Un puits profond

Un puits profond de 48 mètres a été foré dans la cour intérieure. Il suffisait à approvisionner le château en eau. Même soumis à un très long siège, jamais les habitants n'auraient à sortir pour chercher de l'eau.

2 Des plantes médicinales et des aromates étaient cultivés dans le jardin des herbes.

JOUR DE FÊTE

Le seigneur et la dame de Bonaguil sont soulagés. Les dernières améliorations défensives du château sont terminées. Ils ont choisi ce beau jour de septembre 1470 pour fêter l'événement par une joute et un festin. Il y a aussi une foire animée, où l'on vend des spécialités régionales.

1 Le village
Les artisans et les paysans qui travaillent pour le château vivent à l'ombre de ses murailles.

2 La foire commerciale
Ici on peut acheter des objets en cuir, des bibelots, de délicieuses pommes, des jambons et le fameux vin du coin.

3 Pour la gloire
Des chevaliers venus en voisins préparent leur armure de joute avec l'aide de leurs écuyers.

4 Premières loges
Les hôtes et leurs invités sont confortablement assis à l'abri du soleil, juste devant le spectacle.

5 Juste une joute
Le cliquetis des armures et le martèlement des sabots sont assourdissants quand deux chevaliers se heurtent.

6 La barbacane
La porte fortifiée en avant du pont-levis accueille les retardataires.

7 La garde du pont
Les sentinelles détendues discutent de la beauté des chevaux tout en gardant un œil sur le pont-levis.

8 Au cœur du château
Le donjon est l'endroit le plus sûr du château et sert de refuge en temps de guerre.

9 Pas si fort !
Ces nobles ont trouvé un endroit discret pour peser le pour et le contre d'un complot contre le roi.

10 Attention !
Un serviteur vide un seau par la fenêtre, dans les douves asséchées en contrebas.

11 Pour rire
Deux garçons s'entraînent à l'épée. Ils ont hâte de commencer leur formation de chevaliers.

12 Amour secret
Un prétendant courtise l'une des demoiselles du château en jouant du luth et en chantant sa beauté.

UN TOURNOI PASSIONNANT

Pour divertir ses hôtes, le châtelain a convié des chevaliers célèbres à affronter le champion local dans une joute. Les chevaliers et leurs chevaux sont revêtus de leurs plus beaux atours. Ils se ruent les uns vers les autres sous les acclamations du public. Malheureusement, le chevalier du château ne se débrouille pas très bien et va être désarçonné.

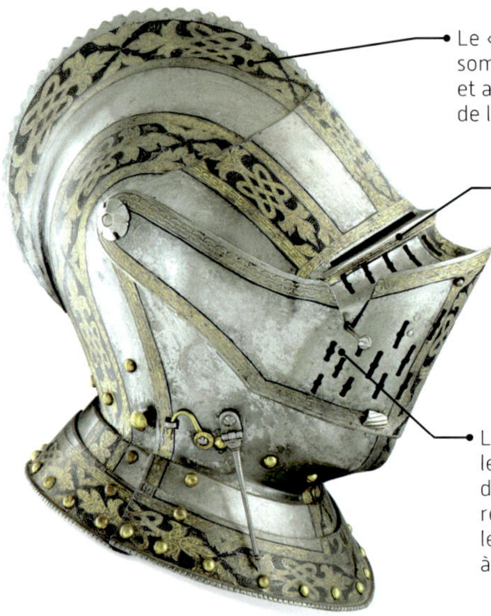

Le « peigne » dentelé au sommet du casque le renforçait et aidait à détourner les coups de lance de la tête.

Le chevalier pouvait regarder devant lui à travers une fente.

La visière devant le visage était percée de trous pour la respiration. Elle se levait et s'abaissait à volonté.

Équipement de protection
Les jouteurs revêtaient des armures métalliques par-dessus des cottes de mailles. Ces armures étaient plus sophistiquées que les harnois portés sur les champs de bataille et souvent finement décorées.

Cette dame est un chaperon, chargée de garder un œil sur sa jeune voisine. Elle a été distraite par la joute et maintenant il est trop tard pour intervenir.

Une damoiselle offre sa manche à un chevalier, en témoignage d'affection.

Le chevalier arborera la manche sur son armure et joutera en son honneur.

Le cheval porte des housses rembourrées appelées caparaçons.

Les chevaliers sont tenus par serment de combattre à la guerre pour leur seigneur ou leur roi. Quand ils ne guerroient pas, ils peuvent participer à des tournois.

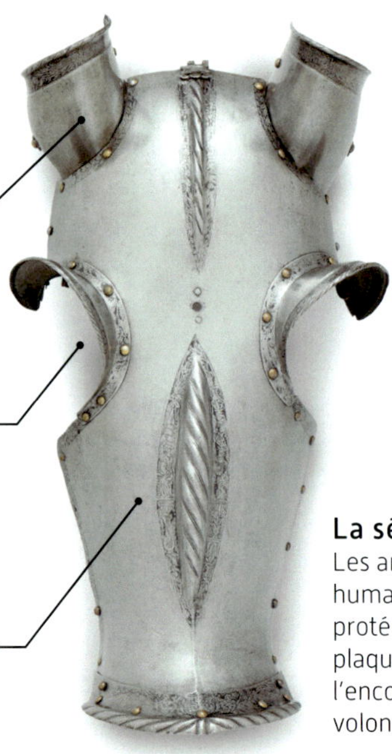

L'extrémité des oreilles du cheval dépassait de ces protections.

Les ouvertures pour les yeux étaient un point faible dans l'armure mais il fallait bien que le cheval voie où il allait.

Cette plaque protégeait le front et la face du cheval. On l'appelle le chanfrein.

La sécurité du cheval
Les armures n'étaient pas réservées aux humains. Des housses rembourrées protégeaient le corps du cheval. Des plaques métalliques couvraient la face et l'encolure. Il était déloyal de blesser volontairement le cheval de son adversaire.

Jouer à la guerre
Les enfants du Moyen Âge étaient encouragés à jouer. Ils aimaient toutes sortes de jouets et de jeux, par exemple les poupées, les balles, les échasses, les balançoires, les toupies, les échecs, les dés et de petites figurines, tel ce chevalier en pleine joute.

AMOUR COURTOIS

Gentes dames et damoiseaux se délectaient de poèmes d'amour courtois. C'était une façon romantique de faire sa cour. Les poèmes parlaient de chevaliers gagnant l'amour de leur dame par de belles ballades et des actes de bravoure. En réalité, les mariages entre nobles étaient arrangés par leurs familles.

UN GRAND FESTIN

La joute est terminée. Le seigneur et la dame du château prennent place pour savourer un somptueux festin avec leurs invités. La grande salle déborde de bruit et d'activités. Les gens crient pour se faire entendre par-dessus la musique, les chiens attendent les restes et le vin coule à flots. Le seigneur et sa dame ont sorti leur plus belle vaisselle et la nourriture la plus fine pour faire bonne impression.

1 Les murs du château sont toujours un peu froids, mais une belle flambée garde les invités au chaud.

2 Les grands chapeaux pointus inspirés des fines flèches des églises gothiques sont très à la mode à cette époque.

Salière
La salière était indispensable, le sel étant très apprécié. Étant l'objet le plus luxueux sur la nappe, il était mis en valeur sur le surtout de table. Certaines salières avaient la forme de bateau, comme ce trois-mâts doré.

3 Les convives partagent un plat ou un tranchoir – une épaisse tranche de pain utilisée comme un plat pour y disposer des mets. Il était très impoli de manger le tranchoir.

La musique médiévale
Des musiciens étaient embauchés pour divertir les invités. Les partitions du Moyen Âge commencent à ressembler aux nôtres, et les musiciens expérimentent de nouveaux instruments. Le plus populaire dans la catégorie des cordes est le luth, proche de la guitare moderne.

4 Les musiciens animent le repas. Plus tard, ils feront aussi danser les invités.

5 Les hôtes les plus importants sont assis avec le seigneur et sa dame sur une estrade.

Des plats fabuleux

La présentation des plats était un élément capital du festin. Une hure de cochon servie avec des pommes était considérée comme un plat délicat. Des oiseaux exotiques, tels des cygnes ou des paons, étaient cuisinés puis rhabillés de leur plumage. Les tourtes et les soupes étaient décorées d'épices colorées, comme le très coûteux safran.

6 Les hôtes moins considérés mangent du pain noir et boivent dans des gobelets en étain sur des tables plus basses. À la table principale on se régale de pain blanc et on trinque dans des timbales en métal précieux ou dans des verres.

Tapisserie

D'épaisses tapisseries en laine étaient suspendues aux murs du château. Elles rendaient les pièces un peu moins froides et diminuaient les courants d'air. Leurs couleurs éclatantes et leurs motifs raffinés en faisaient de très belles œuvres qui racontaient souvent une histoire. La célèbre tapisserie ci-dessous, conservée dans un musée parisien, parle d'une dame et d'une licorne.

7 Un bouffon fait des cabrioles entre les tables pour faire rire les invités.

CUISINER AU CHÂTEAU

Sur cette miniature d'un livre du XVe siècle, un boulanger ne ménage pas ses efforts pour cuire des pains et des tourtes dans un grand four chauffé au bois. Très souvent les châteaux possédaient leur propre boulangerie, incluse dans une pièce plus large, où des cuisiniers préparaient les repas pour les nombreux habitants.

UN VILLAGE TROGLODYTE PUEBLO

Voici des milliers d'années, les ancêtres des tribus amérindiennes connues sous le nom de Pueblos s'établirent sur le plateau de Mesa Verde au sud-ouest des États-Unis. Ils bâtirent des villages souvent nichés dans les cavités des falaises, qui leur offraient un asile contre le climat rigoureux. À présent partiellement en ruine, les décombres racontent comment vivaient les Pueblos.

Le maïs peut avoir différentes couleurs. Séché, il peut être transformé en farine.

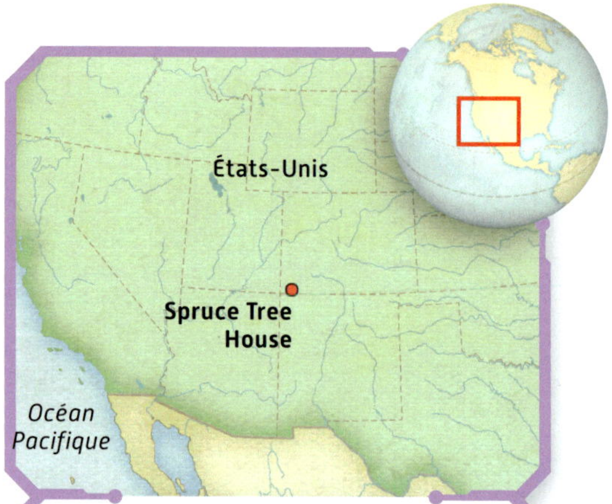

Mesa Verde

L'impressionnant paysage de Mesa Verde s'étend sur le plateau du Colorado, dans l'État du même nom, au sud-ouest des États-Unis, à proximité de Four Corners, le point de rencontre de quatre États, le Colorado, l'Arizona, l'Utah et le Nouveau-Mexique.

Les plats favoris

Les Pueblos occupèrent et cultivèrent la région à partir des années 750. Ils faisaient pousser du maïs, des courges et des haricots à proximité des villages. De la viande de cerf, de lapin et (plus tard) de dindon figurait aussi au menu, accompagnée de baies sauvages.

Une plume d'aigle est attachée dans les cheveux de la danseuse.

Objet sacré décoré d'une plume d'aigle.

120 appartements

Spruce Tree House est l'un des plus grands villages de la région. Il compte 120 appartements, la plupart sur deux étages, ainsi que des entrepôts immédiatement sous le plafond de l'abri. Il y a également huit *kivas*, des chambres souterraines destinées à des assemblées.

Plan de Spruce Tree House

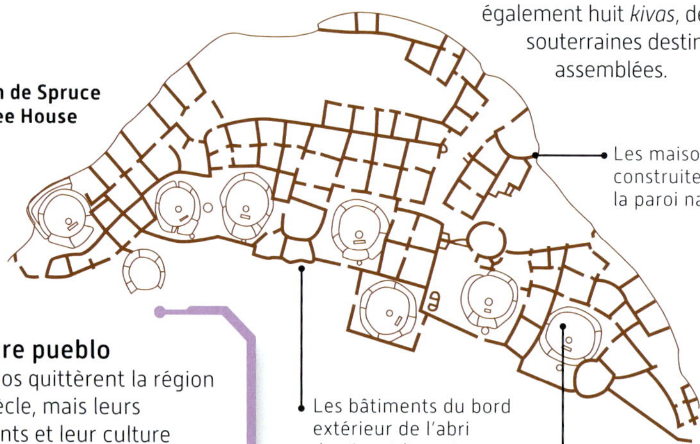

Les maisons sont construites contre la paroi naturelle.

Les bâtiments du bord extérieur de l'abri dominent le ravin en contrebas.

Place ronde avec une *kiva* souterraine.

La culture pueblo

Les Pueblos quittèrent la région au XIIIe siècle, mais leurs descendants et leur culture sont bien vivants au Colorado, en Arizona et au Nouveau-Mexique. Cette fillette, vêtue des habits et des ornements traditionnels participe à la danse rituelle des *Kachinas*.

Des vestiges volés

À partir du XIXe siècle, toutes sortes de gens, des cow-boys du coin comme des explorateurs étrangers, s'intéressèrent aux villages troglodytes. Ils pillèrent les habitations sans vergogne, ouvrant les tombes et vendant aussi bien des restes humains que des objets à des musées américains ou étrangers.

Les restes d'une tombe vandalisée, mélangés à des poteries et à d'autres objets.

Des maisons dans la falaise

Spruce Tree House est l'un des centaines de villages troglodytes de la région de Mesa Verde. On a donné le nom de « Mesa » aux plateaux de grès qui dominent cette région sauvage. Beaucoup offrent des alcôves naturelles qui ont permis aux Pueblos d'y élever leurs maisons. À la fin du XIIIe siècle, les habitants ont pris la décision d'abandonner les lieux, peut-être à la suite d'une grave sécheresse qui rendit la vie difficile.

1 Les paysans pueblos cultivaient des champs sur la surface du plateau surplombant la falaise.

2 La falaise verticale en grès change de couleur selon la lumière, du jaune pâle au rose orangé.

3 Le village était astucieusement logé dans une cavité de la falaise, en harmonie avec l'environnement, comme tout dans la vie des Pueblos.

4 Un ravin profond sépare la falaise où se niche Spruce Tree House de la falaise en vis-à-vis.

Des épicéas et des genévriers poussent autour du village. Le genévrier était et reste utilisé dans les cérémonies rituelles.

Les falaises de grès s'élèvent au-dessus de profonds ravins dans un paysage façonné voici des millions d'années.

La terre de qui ?

Mesa Verde est devenu un parc national en 1906. Le but était d'en préserver l'héritage culturel et de sauvegarder la nature. Mais les Pueblos – les peuples qui ont le plus fort lien à cette terre et en connaissent l'histoire – n'ont pas été consultés. Aujourd'hui, les tribus pueblos revendiquent le droit de gérer leurs sites sacrés, tel Mesa Verde.

LES PRÉPARATIFS AVANT L'HIVER

Il y a de la fraîcheur dans l'air en ce jour d'octobre 1270. Les anciens du village ont interprété les signes : l'hiver sera précoce, long et froid. Tout le monde s'affaire. Les uns récoltent les derniers épis de maïs et les dernières courges sur le plateau, les autres préparent des provisions ou cousent des vêtements chauds en peaux d'animaux. On allumera des feux à l'intérieur et l'on sert des tisanes à base d'herbes.

Cette échelle fait communiquer la *kiva* et la place.

Une *kiva* souterraine
Sous chaque place ronde se trouve une pièce souterraine circulaire appelée *kiva*. Elle servait aux cérémonies et aux rassemblements. Elle était équipée d'un brasero et de bancs le long des murs. Elle pouvait accueillir beaucoup de monde.

La poterie pueblo
Les Pueblos fabriquaient de beaux pots, des bols et des louches par centaines. À cette époque, ils se sont aussi mis à confectionner des tasses dans le style noir et blanc traditionnel. Chaque tasse est unique, avec ses propres motifs géométriques.

Une tasse en argile pour boire la tisane aux herbes.

Un personnage lève les bras, peut-être danse-t-il.

Art rupestre
Les Pueblos gravaient des images sacrées dans la pierre tendre qui environnait le village. Ces scènes racontaient des histoires sur leurs origines et juxtaposaient des animaux, des humains et des symboles sacrés.

Une pierre lisse dite *mano* était roulée sur le maïs pour l'écraser.

Mortier alimentaire
Le maïs et les baies étaient broyés et transformés en farine ou en pâte sur une pierre plate appelée *métate*. Les villages possédaient souvent une rangée de *métates*, où plusieurs femmes travaillaient côte à côte pour préparer la nourriture de tous.

1 Farine de maïs
À genoux sur le sol, cette femme moud des grains de maïs séchés.

2 Bonne récolte
Cette enfant observe sa mère travaillant le maïs. Elle saura bientôt le faire par elle-même.

3 Dans la *kiva*
Un ancien emprunte l'échelle pour préparer une réunion dans la *kiva*.

4 Délicieux dindons
Des dindons se baladent. Ils sont nourris de grains de maïs qui parfument agréablement leur viande.

5 Artisanat d'art
Cette habile potière dessine de fins motifs à la peinture noire sur des pots neufs.

6 Réserves d'eau
Ces filles reviennent d'une source proche, où elles ont puisé de l'eau fraîche.

7 La main ferme
Un paysan escalade la falaise, avec ses mains et ses pieds nus, pour atteindre les champs.

8 Bonne chasse
Un adolescent rapporte fièrement des lièvres, qui fourniront nourriture et vêtements pour l'hiver.

LA CAPITALE KHMÈRE

Aujourd'hui en partie cachée par des forêts luxuriantes, l'antique cité d'Angkor fut jadis la puissante capitale de l'Empire khmer. C'était un vaste réseau d'enceintes sacrées, de palais, de villages et de canaux. Le temps a détruit toutes les constructions en bois, n'épargnant que les gigantesques temples de pierre.

1 Le pont sur la douve débouche sur une chaussée surélevée qui traverse le parc et donne accès au temple lui-même.

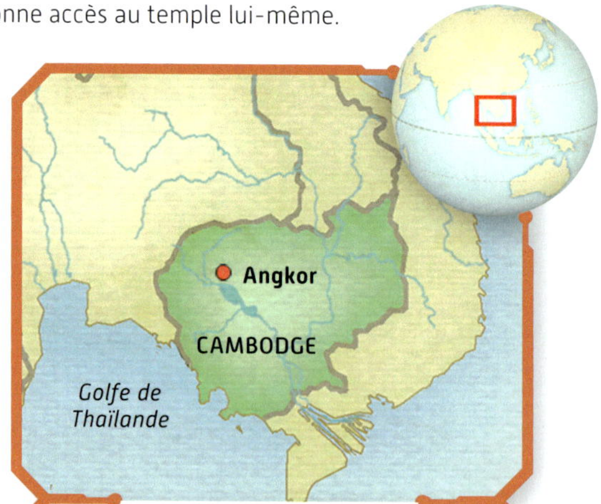

Une région fertile
Angkor est situé au nord du Cambodge, en Asie. Le site est entouré de forêts et de campagnes cultivées. Beaucoup de rivières baignent la région, arrosant de nombreuses rizières.

Des objets en or, comme cette épingle, étaient incrustés de pierres précieuses.

Anneau d'or orné d'une perle.

Un pèlerinage bouddhiste
Pendant des siècles les souverains d'Angkor ont adoré les divinités hindouistes, puis à la fin du XIIIe siècle l'influence du bouddhisme a grandi. Le site a commencé à attirer des pèlerins bouddhistes de toute l'Asie, tel Zhou Daguan, un diplomate chinois qui a composé un livre sur Angkor.

Les pèlerins bouddhistes entreprennent de longs voyages pour leur développement spirituel.

Un puissant empire
L'Empire khmer était très prospère. Ses rois auraient porté une couronne d'or, des bracelets autour des poignets et des chevilles, des anneaux aux doigts et aux orteils. Il était également puissant. Au XIIe siècle, les Khmers contrôlaient une vaste partie de l'Asie du Sud-Est.

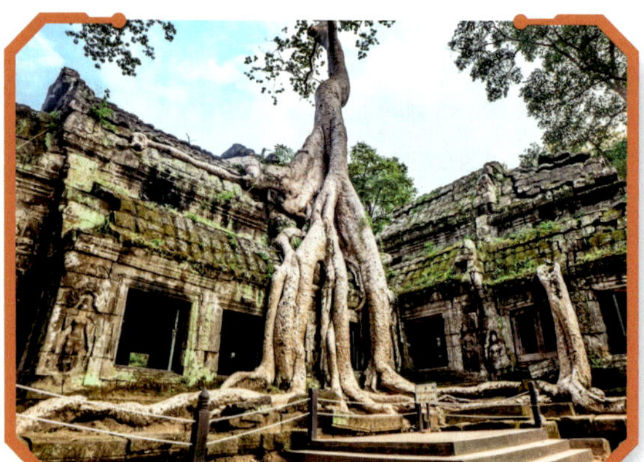

La nature reprend le dessus
Angkor perdit son rôle de capitale au XVe siècle et fut déserté par la famille royale. Sans être abandonnée, la cité périclita. Les plantes y prirent lentement possession de parties entières.

De gigantesques visages de pierre décorent les murs du Bayon, le temple d'Angkor Thom.

Angkor Thom
À la fin du XIIe siècle, le roi Jayavarman VII se lança dans la construction d'une nouvelle cité royale à l'intérieur d'Angkor, appelée Angkor Thom. Il conserva quelques temples anciens à l'intérieur de l'enceinte et en éleva de nouveaux, dont le Bayon.

Un lieu de culte

À l'intérieur de ce qui fut autrefois la grande cité d'Angkor se trouve le temple d'Angkor Vat. Il est entouré par un mur et une douve rectangulaire de 200 mètres de large. Le temple qui se dresse au milieu de ce vaste ensemble est le plus grand monument religieux au monde. Ses cinq flèches représentent les cinq sommets du mont Meru – le centre de l'univers selon les croyances hindouiste et bouddhiste.

2 Le sanctuaire central est l'endroit le plus sacré d'Angkor Vat.

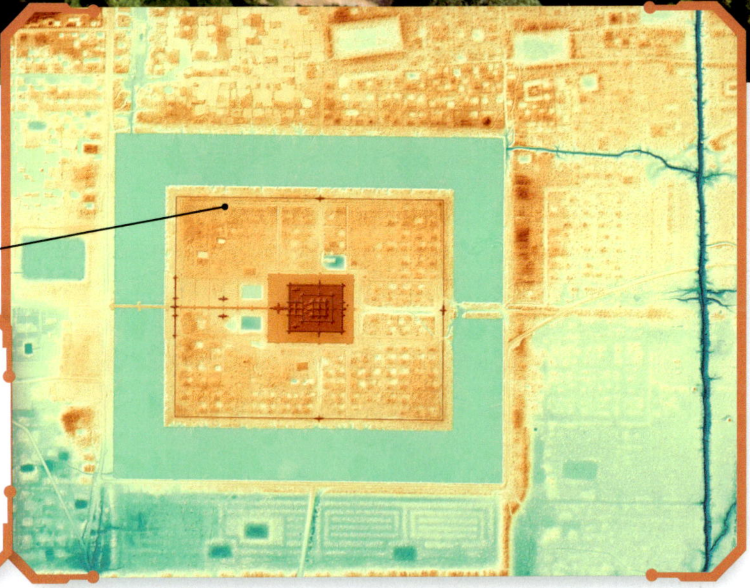

Les traces des villages très peuplés qui jadis entouraient le temple apparaissent en couleur orange clair sur cette image.

Le fantôme d'une ville

La technologie permet aux archéologues de repérer les empreintes des anciennes constructions. Des scanners lasers restituent la carte des canaux, des routes et des villages disparus.

UNE JOURNÉE À ANGKOR VAT

Le roi Suryavarman II se rend dans son temple. Il traverse le pont sacré sur un palanquin porté à l'épaule par ses sujets. Le roi est protégé par des parasols, mais ses prêtres et ses serviteurs doivent supporter la morsure du soleil. Les gens du peuple et les animaux ne sont pas admis sur le pont.

Un roi bâtisseur
Le roi Suryavarman II édifia Angkor Vat au début du XIIe siècle. Son intention était de montrer l'étendue de son pouvoir à son peuple et à ses ennemis. Son portrait est sculpté sur l'une des frises du temple.

La vie au village
De grands villages s'étalent autour du temple. Les artisans et paysans qui y habitent échangent sur le marché de la nourriture, des paniers, des pots et tout ce dont ils ont besoin.

Des femmes vendent du poisson sur un étal de marché.

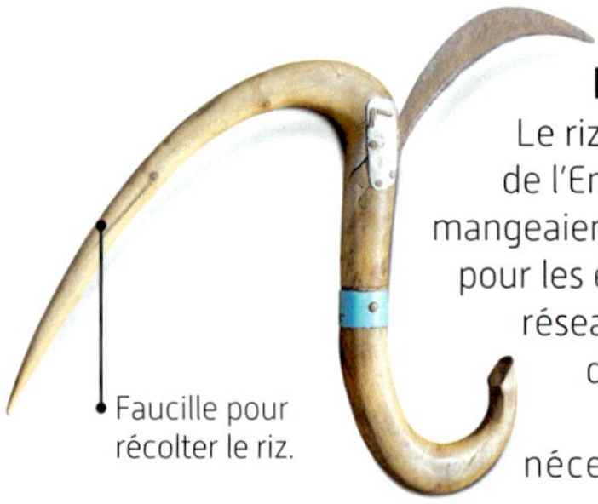

Faucille pour récolter le riz.

La culture du riz
Le riz était l'aliment principal de l'Empire khmer. Les gens en mangeaient tous les jours et l'utilisaient pour les échanges commerciaux. Un réseau complexe de canaux creusés dans les terres fournissait les énormes quantités d'eau nécessaires à la croissance du riz.

Grains de riz

Plant de riz

Jeux de plateau
Pour se distraire, on pouvait jouer à une sorte de jeu d'échecs. Les combats d'animaux et les tours de force, comme avaler des sabres, étaient aussi très appréciés.

1 Barques à lotus
Les fleurs de lotus sont récoltées sur des barques avant d'être offertes au temple.

2 Procession
Deux rangées de serviteurs royaux apportent des offrandes au temple.

3 Le roi
Le roi Suryavarman II est vénéré. Il doit être ombragé par au moins neuf parasols.

« Ceux qui portaient leur regard sur le **roi** devaient **s'agenouiller** et **toucher le sol** de leur **front**.»

- Zhou Daguan, diplomate chinois qui a visité Angkor en 1296 -

4 Adorateurs
Les gens tombent à genoux et prient sur le passage du roi.

5 Prêtres hindous
Quelques prêtres hindous, des brahmanes, marchent le long de l'une des galeries ombragées.

6 La porte du temple
L'enceinte sacrée, au centre de laquelle s'élève le temple, se trouve derrière cette grande porte.

7 Un éléphant
On entraîne cet éléphant à porter des charges. S'il se débrouille bien, un de ces jours, il pourrait transporter le roi.

8 Paniers de nourriture
Cet homme est chargé de paniers remplis du riz récolté dans une ferme voisine.

9 Enfants chéris
Les enfants sont très aimés à Angkor. Comme les adultes, ils nouent leurs cheveux longs en un chignon au sommet de leur crâne.

LA CITÉ DES INCAS

La cité de Machu Picchu a été laissée à l'abandon dans les montagnes des Andes pendant plus de quatre cents ans. Seules quelques personnes à proximité en conservaient le souvenir. Ce refuge caché a été construit au milieu du XVe siècle par un peuple sud-américain, les Incas, qui a dû l'utiliser comme un sanctuaire religieux ou un abri sûr pour le roi.

L'Empire Inca
Les terres contrôlées par les Incas couraient le long de la côte montagneuse à l'ouest de l'Amérique du Sud. Très organisés, les Incas avaient construit un vaste réseau de routes pour relier leurs cités.

L'empereur inca
Le chef suprême des Incas était appelé *Sapa Inca*. Voici Pachacutec, qui régna sur la plupart des royaumes des Andes, dont Machu Picchu.

Un *quipu*
Les Incas ne connaissaient pas l'écriture. Ils utilisaient des cordelettes à nœuds, les *quipus*, pour noter les informations. Aujourd'hui, on ne sait plus lire les *quipus*. La plupart de nos renseignements sur les Incas viennent de l'archéologie.

Hiram Bingham
L'explorateur nord-américain Hiram Bingham se lança en 1911 à la recherche de la cité andine perdue de Vilcabamba. À la place, des populations locales le conduisirent à Machu Picchu, dont Bingham révéla l'existence au reste du monde.

Les fouilles
En 1912, les archéologues entreprirent d'arracher Machu Picchu à l'épaisse végétation qui l'avait recouvert. Ils prirent des milliers de photos et découvrirent des vestiges qu'ils emportèrent aux États-Unis.

Machu Picchu aujourd'hui
Depuis la découverte de Bingham et les fouilles qui ont suivi, la cité inca a été complètement débroussaillée, mettant au jour des constructions en murs de pierre sèche polie qui ont survécu pendant quatre cents ans. Ces ouvrages ont été nettoyés et restaurés. Quelques bâtiments périphériques ont été entièrement reconstruits.

1 La pierre de soleil
Ce cadran solaire de pierre indiquait les quatre points cardinaux, le nord, le sud, l'est et l'ouest.

2 Maisons
Les maisons étaient construites en pierre et couvertes de chaume.

Le sommet de la montagne
La cité occupe une crête montagneuse cernée de toutes parts de falaises abruptes. Le sommet le plus haut au-dessus de la ville, le Huayna Picchu, était jadis couronné par des temples incas.

1 Grands prêtres
Les prêtres sont rassemblés autour d'une pierre sacrée, probablement un calendrier, au point le plus élevé de la cité.

2 Vue panoramique
Les nobles spectateurs de la cérémonie jouissent d'une vue imprenable du haut des terrasses.

3 Cultures
Faute de terrain plat, les paysans ont taillé des terrasses étagées dans la pente.

4 La procession
Machu Picchu compte de nombreux temples. Ces prêtres sont en chemin vers l'un d'eux.

5 Temple
Le temple le plus important de Machu Picchu contient d'éblouissantes images dorées d'Inti, le dieu du Soleil.

6 L'empereur
Chaque jour, l'empereur venait ici sacrifier sa tunique en chaude laine, l'*uncu*, à Inti, le dieu du Soleil.

VIVRE DANS LA CITÉ PERDUE

C'est l'un de temps forts de l'année à Machu Picchu. L'empereur en visite préside à une cérémonie sous le regard attentif des grands prêtres et des nobles. Au même moment, un émissaire porteur d'un message urgent part en hâte – de quoi s'agit-il ?

7 L'extraction des pierres
Des blocs sont extraits pour de nouvelles constructions. Les lamas aident à déplacer les lourdes charges.

8 Un messager
L'émissaire s'élance pour une longue course. Il soufflera dans son coquillage pour qu'on lui cède le passage.

9 *Quipu*
Les nœuds du *quipu* transmettent un message. Ce doit être très important !

10 Aux aguets !
Sur la place centrale, ces gardes royaux attendent l'empereur.

11 Magasin
Des marchandises venues de tout l'empire sont stockées dans de longs entrepôts étroits.

12 Du calme
Ce maçon est furieux. Dans sa hâte, le messager a bousculé un moellon fraîchement posé.

UNE CITÉ SACRÉE

Machu Picchu est un centre religieux. De ses quatre temples, le plus important est le temple du Soleil, où le dieu solaire Inti est adoré. Les Incas croyaient que l'empereur était un descendant d'Inti – c'est peut-être pourquoi la famille royale passait tant de temps dans la cité sacrée.

Il y a plus de **150 bâtiments** à **Machu Picchu**.

Des motifs géométriques décorent cette tunique. Les vêtements les plus luxueux étaient offerts en cadeau ou portés par les dignitaires.

Des tissus colorés
Les Incas tissaient des vêtements à partir de laine de lama, d'alpaga et de vigogne. Leurs habits étaient colorés, ornés de beaux motifs élaborés. Nous le savons car les textiles incas ont été préservés par le climat froid et sec des Andes.

Le temple
Le sanctuaire n'a pas de toit. Il est ouvert sur l'extérieur par un côté. Les pierres qui le constituent ont été si parfaitement taillées qu'elles s'empilent les unes sur les autres sans mortier.

Les *mamakuna* chantaient et jouaient du tambour lors des cérémonies. Choisies dès leur enfance, elles vivaient dans le temple où elles recevaient leur éducation.

Une effigie en or d'Inti, le dieu du Soleil.

La musique joue un rôle important dans les rituels incas. Les instruments sont généralement joués par des femmes.

Les soldats les plus braves recevaient parfois une récompense en or de l'empereur.

L'empereur inca ne porte chacune de ses tuniques, l'*uncu*, qu'une seule fois. Tous les jours, il brûle la tunique usagée dans une cérémonie spéciale.

Un cadran solaire

Les prêtres sont rassemblés autour d'une pierre sacrée, probablement un calendrier, sur le point le plus élevé de la cité. Il permettait de suivre le mouvement du soleil. Le jour le plus court de l'année, le soleil s'alignait parfaitement avec le rocher, signe que le temps était venu de célébrer les fêtes en l'honneur d'Inti.

L'observatoire

Cette construction au sommet de la ville pourrait avoir été un observatoire. Les prêtres s'y rendaient peut-être pour suivre les mouvements du soleil.

L'or des dieux

Pour les Incas, l'or était sacré. C'était « la sueur des dieux ». Il servait à la confection d'objets décoratifs, particulièrement des dieux, mais aussi des offrandes destinées à ces dieux, comme ce lama.

> « Après avoir vu les ruines de **Machu Picchu**, les cultures fabuleuses de **l'Antiquité** m'ont semblé du carton, du **papier mâché**. »
>
> - Pablo Neruda, poète chilien (1904 – 1973) -

INGÉNIEUX INCAS

Machu Picchu est situé en haute altitude dans les Andes. L'air y est raréfié, la terre cultivable aussi. Et cependant l'Empire inca est prospère ! Dans cette société ordonnée, tous les biens sont centralisés avant d'être répartis. Les paysans travaillent dur pour développer les modes de cultures les plus productifs.

Les entrepôts
La société inca était très organisée. Les gens devaient travailler pour l'empire pendant une partie de l'année et confier ce qu'ils avaient produit à des entrepôts. Des fonctionnaires décidaient ensuite du partage des biens.

Des entrepôts en pierre
Des denrées précieuses, tels que la nourriture, des poteries et des objets en métal, étaient conservées à l'abri derrière les murs en pierre des entrepôts. Ceux-ci sont toujours debout. Ils ont survécu aux toits de chaume qui maintenaient les lieux au sec.

Des gens apportent leurs productions à l'entrepôt.

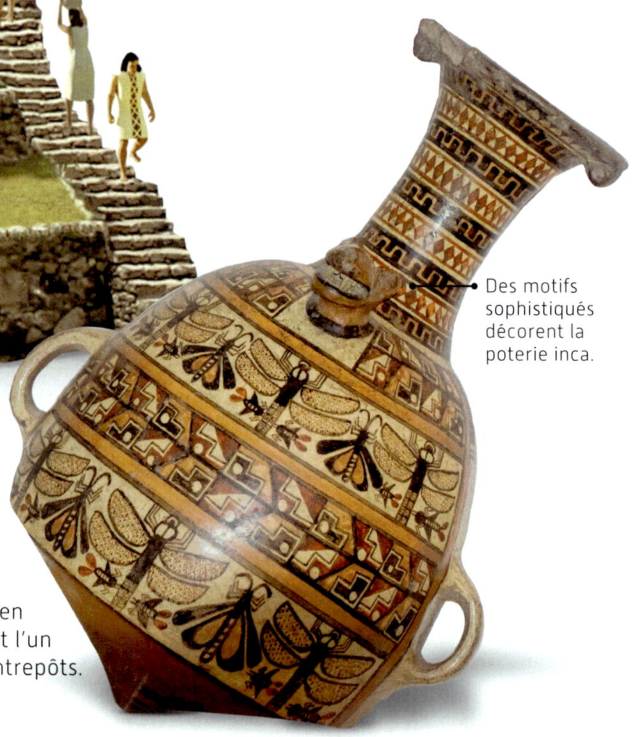

Des motifs sophistiqués décorent la poterie inca.

Boisson rituelle
Les Incas fabriquaient une boisson alcoolisée, la *chicha*, à base de maïs. Ils la consommaient ou l'offraient aux dieux. Elle était contenue dans des vases à deux anses qu'on pouvait transporter sur son dos en glissant une corde entre les poignées. C'était l'un des nombreux trésors abrités dans les entrepôts.

Les archéologues ont recensé plus de **2 000 entrepôts incas** en Amérique du Sud.

Terrasses

Machu Picchu est entouré de falaises abruptes. Très peu de terrains sont propices à la mise en culture. Les exploitations agricoles ont dû se loger à flanc de coteau.

La plupart des Incas sont paysans, artisans ou domestiques.

La chaleur du soleil, absorbée par les murets en pierre en journée, maintient les plantations au chaud pendant la nuit.

Diverses plantes poussent sur les surfaces planes créées par les terrasses – des haricots peuvent s'enrouler autour des tiges de maïs, au-dessus des courges qui grossissent à leur pied.

Les champs

Une vue éloignée permet de mieux comprendre comment les Incas creusaient de larges marches à flanc de coteau qu'ils étayaient avec des murets verticaux. Ces tranches de terrain plat sont appelées des terrasses. Les Incas y faisaient pousser entre autres du maïs, dont ils tiraient également la *chicha*.

LE BÊCHAGE

Les paysans incas se servaient d'une *chaquitaclla* pour les semailles. Ce long manche en bois était équipé d'une poignée courbée et d'un repose-pied. Grâce au *chaquitaclla*, les paysans retournaient plus facilement la terre en utilisant la pression de leurs pieds renforcée par le poids de leur corps.

À DOS DE LAMAS

Les lamas sont originaires d'Amérique latine. Les Incas les élevaient pour leur viande, leur lait et leur laine. Les lamas transportaient également les lourdes charges le long des sentiers de montagne. De nos jours, beaucoup de lamas continuent à peupler les montagnes environnant les ruines de Machu Picchu.

LA ROUTE DE LA SOIE

Le caravansérail d'Izadkhast, une auberge du XVIe siècle, veille au bord d'une ancienne route commerciale serpentant à travers l'aride et poudreux désert iranien. C'était l'un des nombreux relais construits pour accueillir les commerçants voyageant entre l'Asie et l'Europe. Disséminés le long de la route, les caravansérails offraient aux voyageurs un abri sûr pour la nuit et un lieu d'échange de marchandises, de compétences, de coutumes et d'idées.

Un commerce sous contrôle
Izadkhast se trouve en Iran (autrefois appelé la Perse) entre l'Europe et la Chine. Les caravanes engagées sur la route de la soie passaient forcément par là, offrant à l'Empire safavide qui contrôlait la région l'occasion de s'enrichir en commerçant avec elles.

Izadkhast
La porte arquée était le seul moyen d'entrer ou de sortir du caravansérail. On la fermait la nuit pour mettre les hôtes à l'abri des dangers. La cour centrale était propice au commerce et aux rencontres, tandis que les niches latérales offraient un espace de repos plus intime aux marchands et à leurs serviteurs. Ce caravansérail appartient à un ensemble de constructions plus vaste, comprenant un château.

La route de la soie
Cette carte espagnole montre l'extension de la route de la soie sur plusieurs continents, ainsi que le réseau de routes reliant la Chine et l'Europe. Les cartographes se sont peut-être inspirés des récits de voyageurs, tel Marco Polo, pour apporter des précisions.

Sur la carte, en Chine, Pékin est décrite comme la ville du grand Khan.

Un voyage périlleux
Les voyageurs de la route de la soie se regroupaient souvent en caravanes. Ensemble, ils étaient plus à même de survivre aux conditions désertiques extrêmes et de résister aux attaques des bandits.

L'ombre des niches protège du soleil du désert.

Étape de repos
Au cours de leur long périple, les voyageurs pouvaient se reposer dans les caravansérails. Ceux-ci étaient construits près des routes, à une journée de marche les uns des autres. On voit sur cette photo prise vers 1898 qu'ils ont été fréquentés pendant des siècles.

Abbas le Grand
Le plus célèbre des souverains de la dynastie safavide, le shah Abbas, a régné de 1588 à 1629. Sous son règne, la Perse s'est affirmée comme une redoutable puissance militaire. Les arts se sont développés, les liens commerciaux ont été renforcés, et de nombreux caravansérails, dont Izadkhast, sortirent de terre.

Les soies précieuses étaient importées de Chine.

Cette épée courbe est appelée un cimeterre.

1 En cuisine
Les femmes du caravansérail cuisinent dans une pièce à part, loin des voyageurs masculins.

2 Rafraîchissement
Un serviteur apporte des boissons à un groupe de marchands venus d'horizons différents.

3 On se détend
Ce voyageur accepte de jouer avec le vainqueur de la partie de *shatranj* en cours.

4 Bêtes de somme
Les chameaux sont précieux. Avant de se délasser, les hommes les mettent au repos dans l'étable.

5 Marchandage
Toujours à l'affût d'une affaire, ces voyageurs discutent du prix de plusieurs tapis de qualité.

6 Juste à temps !
Un nouvel arrivant franchit les portes du caravansérail juste avant leur fermeture.

UNE SOIRÉE BIEN OCCUPÉE

La nuit tombe sur Izadkhast, la lumière baisse rapidement. Les voyageurs fatigués prennent leurs aises, à l'abri du froid et des dangers du désert. Les gens viennent de toutes les régions d'Asie, d'Afrique et d'Europe. Ils cuisinent, mangent, mettent leurs animaux à l'écurie et rangent leurs marchandises avant de se coucher et de repartir le lendemain pour une nouvelle longue journée de voyage.

Les vaisseaux du désert
Aucun animal ne vaut les chameaux pour traverser les déserts de la route de la soie. Ils sont robustes, capables de porter de lourdes charges, jusqu'à 225 kilos. Ils sont adaptés à la sécheresse – ils consomment beaucoup moins d'eau que les chevaux, et leurs larges sabots les empêchent de s'enfoncer dans le sable.

Statuette d'un chameau chargé de poteries chinoises.

Veste en soie enveloppée de métal et feuilles d'argent.

Le détail du galon souligne l'habileté du tailleur persan qui a coupé la veste.

Soies précieuses
Le fil de soie est tiré du cocon d'une espèce particulière de papillon. Une fois tissé, il devient une somptueuse étoffe douce et légère. La Chine a jalousement gardé le secret de sa fabrication pendant longtemps. Sa rareté en faisait une marchandise de grande valeur, alors même que la beauté des vêtements suscitait un désir universel.

Fonderie d'art
Des objets en métal délicatement ouvragés circulaient tout le long de la route de la soie. Ce chandelier en bronze – un alliage de cuivre et d'autres métaux – date de l'époque safavide.

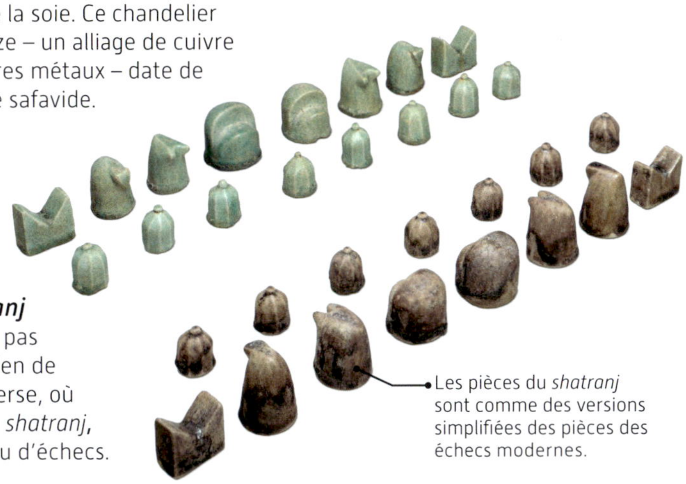

Les pièces du *shatranj* sont comme des versions simplifiées des pièces des échecs modernes.

7 Prière du soir
Près de la fontaine, un voyageur musulman s'agenouille sur une natte pour la prière du coucher du soleil.

8 Soie à vendre
Un domestique secoue la poussière d'une pièce de soie que son maître veut vendre.

Le jeu de *shatranj*
La route de la soie ne charriait pas que des marchandises. Le jeu indien de *chaturanga* est arrivé jusqu'en Perse, où il s'est développé sous le nom de *shatranj*, avant de finalement devenir le jeu d'échecs.

L'ÎLE DE RAPA NUI

Sur une île perdue au milieu de l'océan Pacifique, quelque 900 statues monumentales, les *moaï*, dominent le paysage. L'île s'appelle Rapa Nui, ou encore l'île de Pâques depuis que ses premiers visiteurs européens y ont posé le pied un dimanche de Pâques en 1772. Les statues ont été érigées entre les années 800 et 1200 de notre ère par un peuple polynésien. À la fin du XVIIIe siècle, la plupart avaient été renversées. On a commencé à les relever à partir de 1960.

Une île loin de tout
L'île de Rapa Nui est l'une des plus isolées parmi le millier d'îles des archipels polynésiens dans l'océan Pacifique. Rapa Nui appartient aujourd'hui au Chili, distant de plus de 3 500 kilomètres.

Les géants de Rapa Nui
On pense que les colossales statues des *moaï* éparses sur l'île représentent les esprits de grands ancêtres. Elles sont tournées vers l'intérieur de l'île pour garder et protéger les insulaires. La plupart des statues mesurent 4 mètres de haut, quelques-unes atteignent 10 mètres. Certaines sont isolées, d'autres sont disposées en ligne.

Un œil sauvegardé
En 1978, les archéologues trouvèrent des fragments de corail blanc lors de fouilles près d'un *moaï*. Ils comprirent qu'ils tenaient en main un œil lorsque leur découverte s'adapta parfaitement à une orbite vide du *moaï*. Cet œil – le seul à avoir été retrouvé presque complet – est exposé au musée Sebastian Englert de Rapa Nui.

Cette extrémité de la pagaie représente un visage, avec des boucles d'oreilles.

Cette extrémité représente un corps humain.

Pagaie de danse
Les danses cérémonielles tenaient une place importante dans la culture rapa nui. Les hommes et les femmes brandissaient des paires de pagaies de danse appelées *rapa*, qu'ils faisaient tournoyer.

Une langue perdue
Des morceaux de bois gravés découverts à Rapa Nui gardent la trace d'un système d'écriture, appelé *rongorongo* et composé de centaines de pictogrammes figurant des animaux et des oiseaux disposés en lignes. Jusqu'ici, nul n'a réussi à déchiffrer le *rongorongo*.

Les pictogrammes ont été gravés dans le bois grâce à des dents de requin ou des éclats de pierre d'obsidienne.

Les canoés
Les Polynésiens étaient des constructeurs de bateaux et des navigateurs hors pair. Ils effectuaient des voyages de plusieurs milliers de kilomètres dans l'océan Pacifique sur des canoés en bois. De nos jours les habitants de Rapa Nui continuent la tradition en disputant des courses en canoés de roseaux.

De nombreux *moaï* de Rapa Nui se dressent sur de longues plateformes cérémonielles appelées *ahu*.

Bois sculptés
Les habitants de Rapa Nui ne travaillaient pas que la pierre. Ils taillaient aussi dans le bois, avec beaucoup de finesse, des effigies humaines si maigres que leurs côtes sont saillantes, les *moai kavakava*. Ces statuettes étaient probablement conservées dans les maisons.

Une île volcanique
Rapa Nui est née d'éruptions volcaniques. La lave projetée par les cratères a durci en roches. Trois volcans éteints surplombent le paysage : Poike, Rano Kau et Terevaka.

1 Un travail d'équipe
Les statues sont lourdes. Il faut toute une équipe pour les installer à leur place.

2 Orbites vides
Les cordes sont enroulées autour des orbites du *moaï*. Le détail des yeux sera ajouté plus tard.

3 Des traits épais
La tête du *moaï* est grosse comparée à son corps. Son visage est sculpté avec des traits stylisés.

4 Peintures corporelles
Des tatouages recherchés et des motifs peints ornent le corps des insulaires.

5 Habits végétaux
Il fait chaud à Rapa Nui. Les habitants portent des pagnes en fibre végétale pour combattre la chaleur.

6 Rampe
Une rampe permet à la statue de monter sur l'*ahu*, la plateforme cérémonielle.

Les statues géantes de Rapa Nui pèsent en moyenne 13 tonnes.

7 Dos sculptés
Des motifs et des figures animalières dont des oiseaux sont sculptés à l'arrière de chaque *moaï*.

8 Roche volcanique
Le cratère du Rano Raraku, d'où est extrait le tuf des *moaï*, surplombe les insulaires en plein travail.

ET UN *MOAÏ* DE PLUS

Les insulaires de Rapa Nui sont en train d'ériger un nouveau *moaï*. Ils l'ont déjà déplacé à travers l'île, en utilisant des cordes pour le faire osciller et avancer doucement sans le déséquilibrer. Maintenant, ils tentent de le hisser sur sa base dans la rangée des *moaï* terminés. Une tâche harassante et délicate !

La carrière
Environ 95 % des *moaï* ont été sculptés dans la carrière de Rano Raraku, extraits d'une roche volcanique, le tuf. Chaque statue est constituée d'un seul et imposant bloc de tuf. Quelque 400 statues gisent encore dans la carrière, où elles étaient taillées.

Travail de longue haleine
Le dos des *moaï* est décoré de motifs appelés des pétroglyphes. Les têtes et les faces avant des statues étaient sculptées alors qu'elles étaient encore couchées, mais l'arrière n'était achevé qu'une fois les statues redressées.

Le canoé est un emblème de la famille du sculpteur.

Un *pukao* rouge ou chignon.

Des chignons rouges
Quelques *moaï* portent un *pukao* rouge, un chignon. Les *pukao* sont taillés dans la scorie rouge, une roche différente du tuf utilisé pour le corps des statues. On estime que les *moaï* surmontés de *pukao* sont parmi les derniers à avoir été sculptés.

Salaire en patates douces
En échange d'une statue, les gens donnaient des patates douces, des poulets et des outils. Les patates douces sont originaires d'Amérique du Sud. Les Polynésiens auraient navigué des milliers de kilomètres à travers l'océan afin d'en rapporter des plants à Rapa Nui.

LES YEUX DU *MOAÏ*

Les yeux blancs et brillants des *moaï* de l'île de Rapa Nui sont sculptés dans du corail blanc. Les pupilles sont faites en scorie rouge. Les artistes ajoutaient les yeux quand le reste de la statue était terminé. Ce *moaï* est le seul dont les yeux aient été restaurés.

UNE FORTERESSE JAPONAISE

Émergeant d'une mer de nuages, les ruines du château de Takeda épousent les contours du sommet montagneux où il a été bâti en 1441. Ses défenses furent renforcées vers 1585 par d'immenses murailles constituées de rochers. Ces améliorations intervinrent pendant une période très troublée, qui a vu la construction et la fortification de nombreux châteaux au Japon.

Un emplacement stratégique
Situé à l'ouest de l'île de Honshu, au centre du Japon, le château de Takeda domine une grande route du haut de sa crête montagneuse, à une altitude de 353 mètres au-dessus du niveau de la mer.

Un ensemble superbe
Nombre de châteaux japonais ont des traits en commun : un donjon central, plusieurs cours, des murailles, des tours de guet et des fossés. La restauration du château de Himeji le montre tel qu'il était à son apogée.

Une société rigide
Le Japon était organisé selon un système de classe. Les groupes des guerriers, des paysans, des artisans et des marchands étaient clairement séparés, chacun obéissant à des règles strictes. Des seigneurs, les *daimyos*, servis par des guerriers, les *samouraïs*, occupaient le sommet de la hiérarchie sociale.

Ce *daimyo* est trop important pour se déplacer à pied. Il se fait transporter par un groupe de domestiques.

Drapeaux de combat
Les *daimyos* conduisaient leurs armées de *samouraïs* sur les champs de bataille. Chaque *daimyo* levait son propre étendard, qui pouvait être un drapeau, un éventail ou un casque, comme le montre cet échantillon. Déployés au sommet d'une longue perche, ces étendards signalaient quels *daimyos* prenaient part aux combats.

L'intérieur du château
Les pièces du donjon étaient confortablement parées de parois en papier et de tapis moelleux. Les *daimyos* exhibaient leur richesse en décorant leurs chambres des peintures les plus raffinées, telle celle déployée sur le mur du fond de cette chambre reconstituée.

Les murs sont si épais qu'ils tiennent encore debout, plus de quatre cents ans après l'abandon du château.

La position en hauteur du château donne parfois l'impression qu'il flotte sur les nuages.

Une suite de cours
Le château de Takeda est construit autour d'une succession de cours dont les assaillants devaient s'emparer les unes après les autres. Le *daimyo* et sa famille résident probablement dans la cour centrale au premier plan.

Des défenses naturelles
Le château de Takeda est perché sur un sommet montagneux isolé, ce qui lui assure un avantage défensif décisif. Abandonnés en 1600, ses bâtiments centraux ont fini par s'écrouler avec le temps, à l'exception des impressionnantes murailles. Bien qu'en ruine, les vestiges du château en imposent toujours aujourd'hui.

Guerre civile
Le XVIe siècle fut pour le Japon une longue et dure période de guerre civile. Les *daimyos* s'affrontaient pour acquérir plus de territoires et de pouvoir. Beaucoup édifiaient des châteaux pour se défendre. L'une des dernières batailles de la période fut celle de Sekigahara, que l'on voit ici.

Le **Japon** compte aujourd'hui **plus de 100** châteaux. **Douze** seulement ont conservé leur **donjon original**.

1 La dame
Depuis le balcon, l'épouse du *daimyo* montre à son fils que son père est de retour.

2 Servantes
Les domestiques accompagnent la dame, prêts à obéir à ses ordres.

3 Fils et héritier
Il tarde au fils du *daimyo* d'être assez grand pour suivre son père à la chasse.

4 De retour
Le *daimyo* est revenu ! Il a chaud et est fatigué après une journée de voyage.

5 Garde rapprochée
De fidèles *samouraïs* accompagnent en permanence le *daimyo*. Il n'est jamais seul.

6 *Yagura*
Cette tourelle sert de poste de guet. Elle offre une vue étendue sur les environs.

LE RETOUR DU *DAIMYO*

Le *daimyo* rentre après une expédition de chasse réussie dans les montagnes. Il mène son cheval dans une cour intérieure pendant que les habitants du château se rassemblent pour assister à son arrivée.

Les jardins du château
Les châteaux japonais disposaient de jardins raffinés, soigneusement dessinés, avec des ponts, des maisons de thé et des plantes rares. Ils étaient conçus pour être admirés depuis le donjon tout comme pour s'y promener. Celui-ci se trouve au château d'Osaka.

Ces flacons en bois sont décorés avec de l'or et des couches de laque, un vernis très résistant.

Flacons de saké
Ces flacons ornementaux contenaient une boisson alcoolisée à base de riz fermenté, le saké. On n'en buvait qu'à de rares occasions. On en offrait également aux dieux à la nouvelle année et lors des fêtes religieuses.

L'armure d'un *samouraï*
Les *samouraïs* étaient intensivement entraînés dès leur enfance à manier l'épée et à tirer à l'arc. Ils prêtaient un serment de fidélité à leur *daimyo*. Leur armure était décorée de motifs effrayants, dont des dragons et des visages grimaçants.

Les chevaux des *samouraïs* portaient eux aussi une armure, comme ce masque.

Nobles dames
L'éducation des femmes japonaises comprenait entre autres choses la calligraphie, la poésie, la musique et la danse. En l'absence du *daimyo*, son épouse, la dame du château, était responsable de la défense de la forteresse.

7 *Masugata*
Cette cour entre la porte principale et la seconde enceinte du château forme un espace facile à défendre.

8 Des paysans
Ces paysans apportent du riz, un impôt qu'ils doivent au *daimyo*.

LA GRANDE MURAILLE DE CHINE

La Grande Muraille est le nom donné au vaste système de fortifications et de murs qui serpente sur 13 000 kilomètres, dans le nord de la Chine. Elle était destinée à protéger le pays de ses ennemis du Nord, en particulier les Mongols. Cette partie de la muraille, dans la section de Mutianyu, a été achevée en 1572. Elle est restée presque semblable à ce qu'elle était au moment de sa construction, voici quatre cent cinquante ans.

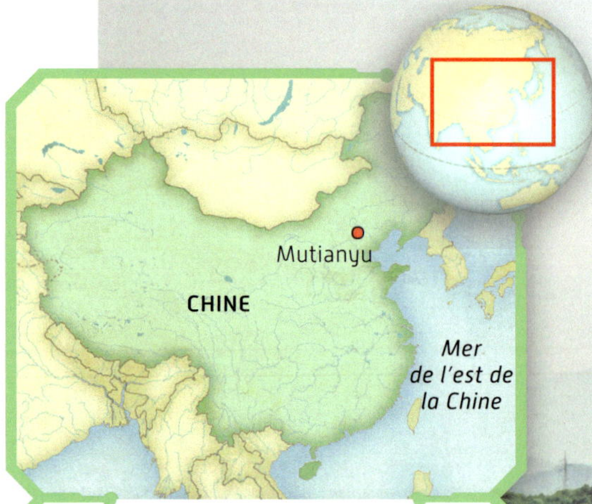

La protection de la capitale
Mutianyu s'étend dans une région de collines au nord-est de la Chine. À 70 kilomètres seulement de la capitale chinoise, Pékin, elle était l'un des secteurs les plus stratégiques de la Grande Muraille.

La Muraille était d'ordinaire élevée sur le bord le plus escarpé de la colli pour en rendre l'assaut encore plu difficile.

À boire et à manger
Les gardiens de la Grande Muraille mangeaient frugalement. Au menu, du riz et des légumes fournis par les villages environnants. On leur remettait aussi des galettes de thé séché et compressé, les *Bing cha*, les pains de thé. L'eau douce pouvait contenir des bactéries et se révéler dangereuse à boire. Il était préférable de la faire bouillir d'abord et de la boire chaude avec du thé.

Il n'y avait pas que des canons. Des cylindres hérissés de pointes étaient lâchés par-dessus le mur sur les assaillants qui l'escaladaient. On les envoyait aussi rouler sur le sol pour faire trébucher et estropier les ennemis.

De solides murs de brique
Les remparts en brique de Mutianyu sont hauts de 9 mètres et larges de 4 à 5 mètres. Sur leur partie supérieure ont été aménagés des créneaux, à travers lesquels les canons pouvaient faire feu.

Général en chef
L'édification de la Grande Muraille débute vers 221 avant notre ère, sous forme d'un simple talus assez bas. Après le raid mongol de 1550, le général Qi Jiguang est chargé de renforcer la Muraille. Il y ajoute des tours de garde et les remparts défensifs que l'on peut voir aujourd'hui encore dans des secteurs comme Mutianyu.

Gage de qualité
Les maçons devaient apposer leur sceau sur chaque lot de briques, de sorte que les autorités puissent les identifier et les punir si les briques étaient de mauvaise qualité. Beaucoup de ces sceaux sont encore visibles.

Quand l'ennemi était repéré, des piles de bois étaient enflammées au sommet des tours de garde. La « fumée du loup » qu'elles émettaient pouvait être vue de très loin. Ce signal d'alerte devait son nom au fait que les loups étaient réputés annoncer un danger en Chine.

L'abri sur le toit de la tour de garde offrait un refuge en cas de pluie et un espace de stockage supplémentaire pour la nourriture et les armes.

Une immense construction

La Muraille encore visible aujourd'hui a été essentiellement construite entre 1368 et 1644, sous la dynastie Ming, avec un effort particulier au milieu du XVIe siècle. Des portions de la Muraille ont été soigneusement restaurées, telle la section de Mutianyu.

La Muraille sauvage

Certaines parties de la Muraille, comme Jiankou, proche de Mutianyu, sont en très mauvais état. Ces zones en ruine sont surnommées « le mur sauvage ».

Ingrédient secret

Jusqu'à très récemment, les spécialistes se demandaient ce qui rendait le mortier qui maintient les briques si durable et si solide. Des tests ont révélé que le super-pouvoir de ce ciment, mélange de calcaire et de sable, lui venait d'un ingrédient secret : le riz gluant moulu. Appelé aussi riz glutineux, plus il vieillit, plus il durcit.

TOUS EN DÉFENSE !

Les constructeurs mettent la dernière main à une nouvelle tour de guet, quelques sentinelles sont en train de s'assoupir, lorsque soudain retentit le cri d'alarme : « Les pillards ! » Les Mongols lancent un raid audacieux et les soldats chinois ont intérêt à se précipiter pour les repousser.

1 La forêt Ces arbres ont dissimulé l'approche des attaquants. Mais les arbres les plus proches de la Muraille ont été abattus.

2 Attention ! Dans la tour de garde, un soldat doté d'une vue perçante voit approcher l'ennemi et lance l'alerte.

3 Les pillards Les ennemis les plus redoutés des Chinois, les Mongols, vivent au nord de la Grande Muraille.

4 Saute-fossé Les Mongols jettent astucieusement des échelles plates par-dessus les profonds fossés en avant de la Muraille.

5 Attaque éclair ! L'épée très affûtée du Mongol peut aisément entamer l'armure du garde.

6 La tour de garde Le « centre de commande » de chaque section abrite de la nourriture, des armes et des armures.

7 Chantier
Les maçons achèvent une nouvelle tour qui aidera à l'avenir à défendre la Muraille.

8 Un canon
Ce canon envoie des boulets creux remplis de poudre explosive.

9 Signal lumineux
La fumée avertit les troupes plus éloignées de la présence de l'ennemi.

10 Un messager
Ce patrouilleur annonce qu'une autre section du mur est attaquée. La situation empire.

11 Bâtiments agricoles
Les habitants des fermes voisines sont tranquilles. Ils savent que la Muraille les protégera.

12 Four à briques
Les briques pour la nouvelle tour sont cuites sur place, dans des fours qui peuvent atteindre 800 degrés.

Toit imperméable
Une couverture en tuile renforce l'étanchéité des toits des tours. Les arêtes des tuiles sont décorées avec des animaux, des plantes, des symboles ou des *gao tie*, des visages monstrueux supposés repousser les mauvais esprits.

TOURS À TOUTE ÉPREUVE

Les tours de garde étaient solidement construites. Certaines étaient surmontées de petits bâtiments fermés, des postes de guet appelés *pufang*. La tour comme le *pufang* servaient d'abri et d'entrepôt pour la nourriture, l'eau, les armures, les armes et d'autres fournitures.

Arbalète
Les Chinois utilisent des arbalètes depuis environ deux mille ans. Les plus petites, comme celle-ci, servaient à la défense des remparts des villes, les plus grandes étaient déployées sur la Grande Muraille.

La portée d'une petite arbalète était de 30 à 40 mètres.

Les arbalètes étaient rangées dans la tour et n'en sortaient qu'en cas d'attaque.

Armes explosives
Chaque tour disposait d'une bonne provision de boulets de canon. Tout en ayant l'air massif, chaque boulet était creux et bourré de poudre qui le faisait exploser quand il atteignait sa cible.

Des créatures fantastiques sculptées, les gardiens de toits, étaient censées porter bonheur.

Le riz est à la base de l'alimentation des gardes. D'abondantes provisions sont toujours disponibles.

Le *pufang* est positionné directement au milieu du toit.

Les matériaux pour les briques de la tour étaient tous extraits des collines voisines.

Les plus grandes tours avaient des sols en pierre ou en brique qui permettaient de les garder propres et sèches. Les plus petites se contentaient de sol en terre.

Bien que dans certaines tours, il faille emprunter des escaliers en pierre ou en brique pour changer d'étage, celle-ci n'a qu'une échelle en bambou. Pas facile d'y déplacer des charges lourdes.

« Là, dans la brume, énorme, majestueuse, silencieuse et terrible, se dressait la **Grande Muraille de Chine... »**

- W. Somerset Maugham, écrivain (1874-1965) -

Il pleut beaucoup en Chine. Les toits débordent toujours largement au-dessus des murs pour les protéger de l'humidité.

Ces ouvertures, les meurtrières, permettaient aux gardes de jeter des pierres, des grenades ou de tirer des flèches enflammées.

Les tours et les remparts de l'époque Ming étaient le plus souvent construits par les soldats eux-mêmes, aidés par des artisans et des maçons qualifiés.

L'air qui entrait par les fenêtres empêchait les aliments de moisir et la poudre de prendre l'humidité à l'intérieur de la tour. Un couloir clos protégeait les denrées de la pluie.

Les barils de poudre sont mis sous clé dans la tour. La poudre est à la fois extrêmement précieuse et dangereuse.

L'ENNEMI MONGOL

La Grande Muraille a été construite pour défendre la Chine des attaques des Mongols. Sous la conduite de Genghis Khan, les Mongols ont conquis une grande partie de l'Asie et de l'Europe centrale au XIIIe siècle. Dans les années 1500, leur pouvoir s'est affaibli mais ils sont demeurés de redoutables guerriers, réputés pour leur habileté à cheval et au tir à l'arc.

Les glaives « lame de lune inclinée » avaient de longues lames incurvées.

Cette hallebarde se distingue par ses trois lames tranchantes.

Armes de guerre

Chaque tour était équipée d'un arsenal d'épées, appelées *jian*, de lances et d'armes longues et tranchantes, piques ou sabres. De toutes tailles et de toutes formes, celles-ci présentaient le même intérêt : maintenir le soldat qui la maniait à bonne distance de son ennemi.

LA VIE RURALE

Les soldats et leurs familles vivaient dans des villages près de la Muraille. De nouvelles troupes arrivaient lorsque leur tour de garde était venu. Les paysans appréciaient leur proximité avec la Muraille. Ils pouvaient vendre leur récolte aux soldats. Les fermes et les maisons villageoises étaient généralement construites autour d'une cour fermée.

Le culte des ancêtres
Dans la plupart des maisons chinoises de l'encens brûlait devant un autel ou un sanctuaire où des cadeaux et des offrandes étaient déposés en l'honneur des défunts de la famille. Ce culte des ancêtres est toujours observé par beaucoup de Chinois aujourd'hui.

Animaux domestiques
Les ânes transportaient les charges lourdes dans des paniers en osier ou en paille attachés à leurs flancs. On peut toujours voir aujourd'hui, près de la Grande Muraille, des ânes gravir des pentes raides où les camions et les voitures ne peuvent passer.

« Je **creuse le puits** où je bois.
Je cultive le sol qui me nourrit.
Je partage les richesses du monde.
Les rois ne font pas mieux. »

- Proverbe traditionnel chinois -

Réserve d'eau

L'eau de pluie, l'eau des puits et celle des rivières étaient conservées dans des pots en céramique. L'eau était généralement bouillie pour la rendre potable.

Les anneaux autour du pot permettaient de l'attraper de tous les côtés.

Les Chinois pensent que les dragons veillent sur la sécurité et le bonheur de la famille.

Les outils du paysan

La palanche – une longue perche portée à l'épaule avec un panier à chaque extrémité – a été utilisée par les paysans chinois pendant des milliers d'années pour transporter des graines. De simples chapeaux de paille sont aussi un élément important de l'équipement d'un paysan.

Une « cuillère » au bout d'un long manche permet au paysan de déposer les semences sans avoir à se baisser.

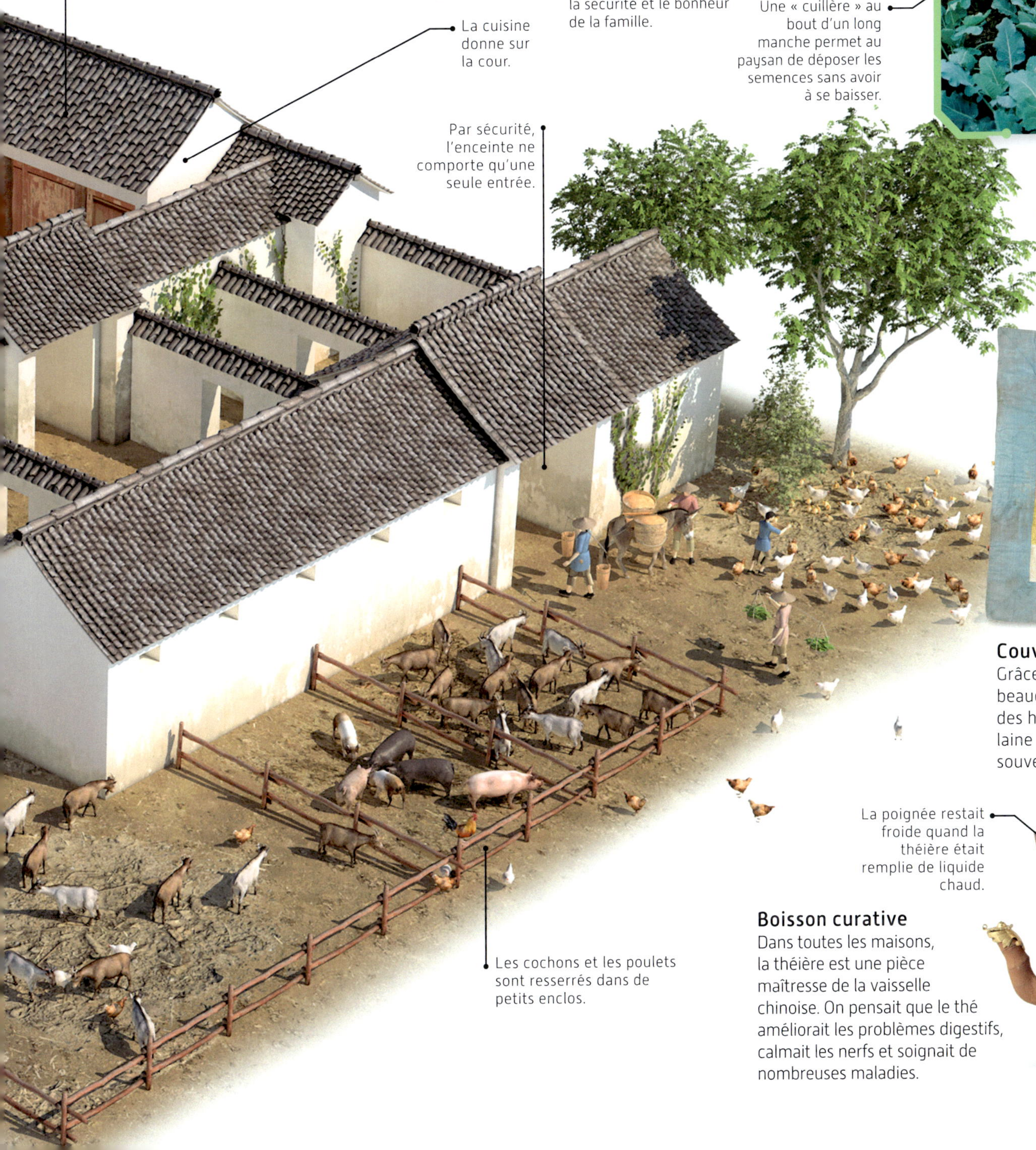

Les tuiles sont lourdes. Des poteaux en bois supportent le poids du toit.

La cuisine donne sur la cour.

Par sécurité, l'enceinte ne comporte qu'une seule entrée.

Les cochons et les poulets sont resserrés dans de petits enclos.

La plupart des gens possédaient des couvertures en laine grossière. Certains pouvaient s'offrir ou fabriquer de chaudes couettes de *patchwork* en soie.

Couverture

Grâce à leur métier à tisser, beaucoup de villageois fabriquaient des habits et des couvertures en laine ou en autres fibres. C'était souvent le travail des femmes.

La poignée restait froide quand la théière était remplie de liquide chaud.

Boisson curative

Dans toutes les maisons, la théière est une pièce maîtresse de la vaisselle chinoise. On pensait que le thé améliorait les problèmes digestifs, calmait les nerfs et soignait de nombreuses maladies.

UN BATEAU PIRATE

Par une nuit sombre de tempête en 1717, un navire pirate heurta un banc de sable et sombra dans les profondeurs de l'océan, emportant tous ses trésors et une partie de son équipage. Ce malheureux vaisseau s'appelait le *Whydah*. L'épave du *Whydah*, retrouvée au large de la côte est des États-Unis, est la seule dont on est sûr qu'il s'agissait d'un bateau pirate.

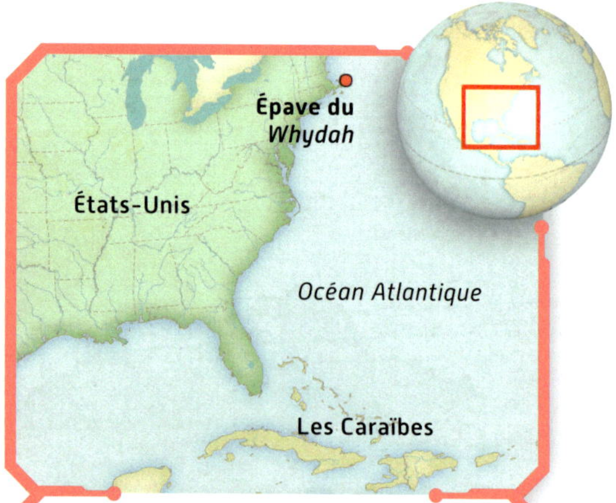

Le lieu du naufrage

Le *Whydah* a été retrouvé au large de Cape Cod, dans le Massachusetts, sur la côte atlantique des États-Unis. Les eaux y sont peu profondes, les bancs de sable nombreux, rendant la navigation dangereuse.

Changement de propriétaire

Le *Whydah*, dont voici la maquette, est un bateau esclavagiste anglais. Il a quitté les Caraïbes, chargé du produit de la vente des esclaves, avant d'être attaqué et saisi par des pirates. Le chef des pirates, Samuel Bellamy, dit Black Sam, y a transféré le butin et les canons déjà pillés sur d'autres navires, avant de faire voile vers les États-Unis.

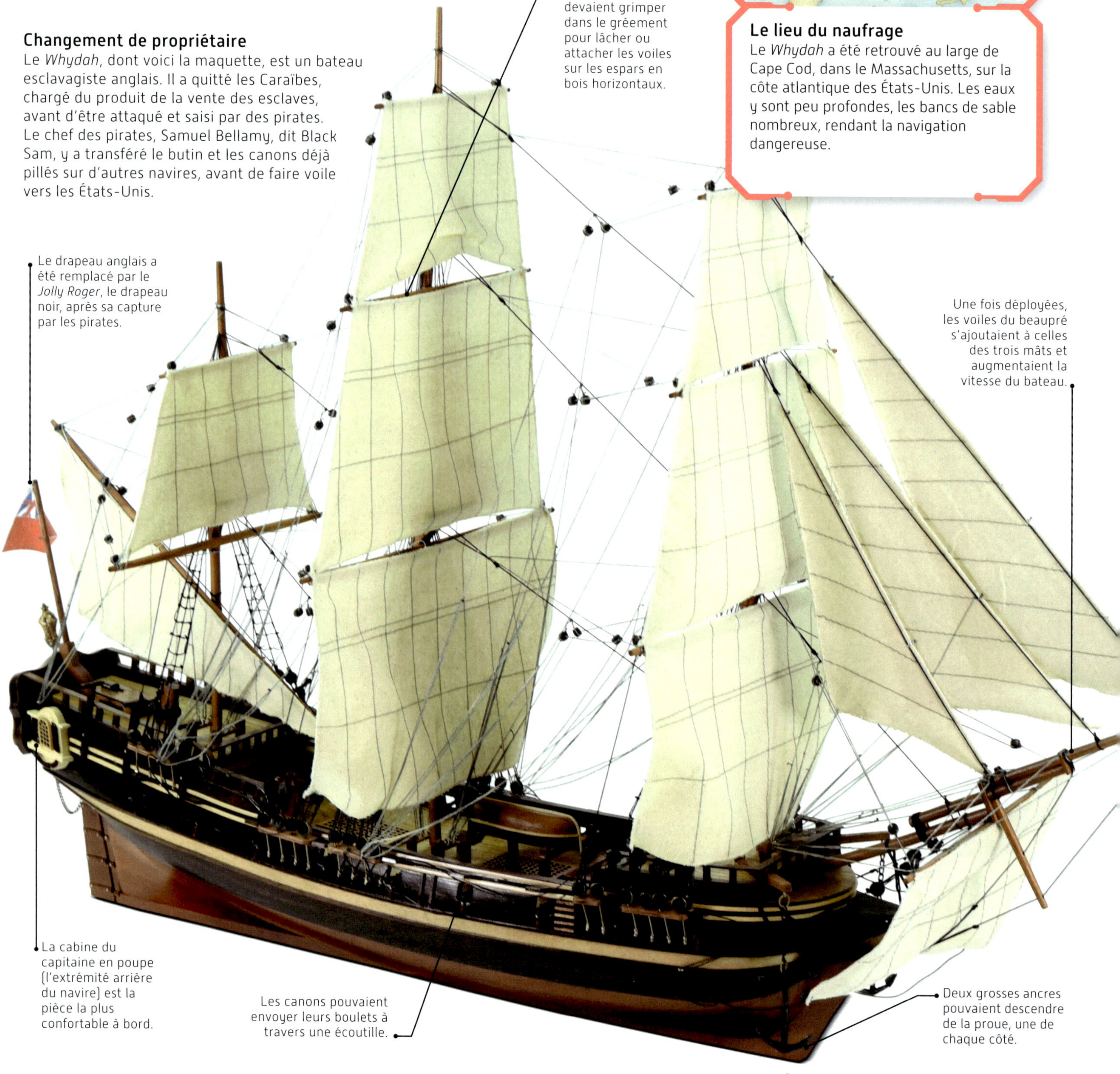

Les marins devaient grimper dans le gréement pour lâcher ou attacher les voiles sur les espars en bois horizontaux.

Le drapeau anglais a été remplacé par le *Jolly Roger*, le drapeau noir, après sa capture par les pirates.

Une fois déployées, les voiles du beaupré s'ajoutaient à celles des trois mâts et augmentaient la vitesse du bateau.

La cabine du capitaine en poupe (l'extrémité arrière du navire) est la pièce la plus confortable à bord.

Les canons pouvaient envoyer leurs boulets à travers une écoutille.

Deux grosses ancres pouvaient descendre de la proue, une de chaque côté.

Repérage des lieux
En 1717, apprenant le naufrage du *Whydah*, le gouverneur du Massachusetts envoya le capitaine Cyprian Southack récupérer les objets de valeur. Southack ne sauva pas grand-chose, mais il nota les coordonnées du lieu du naufrage sur une carte.

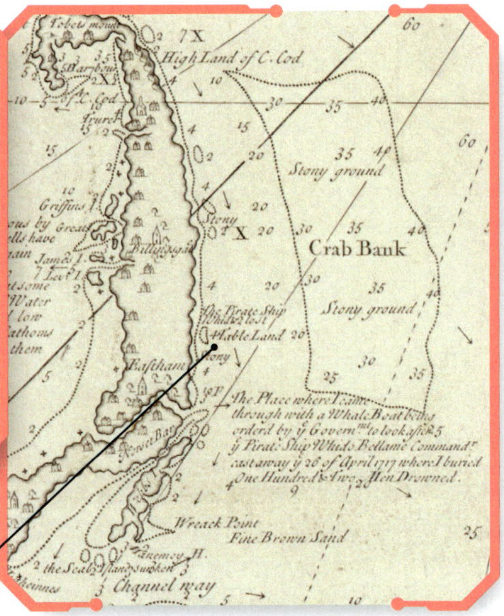

Les notes sur la carte indiquent l'emplacement du naufrage et que 102 hommes se noyèrent.

Une archéologue à l'œuvre
L'épave du *Whydah* continue à être explorée par des équipes de plongeurs. Tous les objets remontés sont transférés dans un laboratoire où des archéologues spécialisés les nettoient méticuleusement.

Les archéologues travaillent lentement et délicatement pour ne pas abîmer les vestiges.

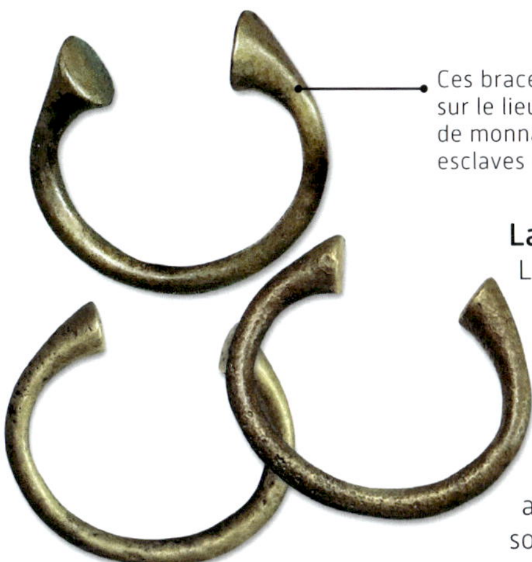

Ces bracelets en cuivre, retrouvés sur le lieu du naufrage, servaient de monnaie pour acheter les esclaves en Afrique.

La piraterie et la traite des Noirs
Les pirates croisaient souvent des navires transportant à travers l'Atlantique des esclaves africains capturés en Afrique et vendus dans les Amériques. Beaucoup de pirates étaient noirs, soit qu'ils aient rejoint un équipage après s'être enfuis, soit qu'ils se soient trouvés à bord d'un navire esclavagiste attaqué par les pirates.

Trésors cachés
Les objets enterrés dans le fond sablonneux de l'océan finissent par être enveloppés d'une coque dure. Ces concrétions résultent d'une réaction au sel marin. Pour les protéger, on les plonge dans des cuves d'eau douce avant de les dégager, chimiquement ou à la main.

Une pièce de monnaie, enfouie depuis plus de trois cents ans, réapparaît.

Cette bague et ces doublons espagnols proviennent du *Whydah*.

L'or des pirates
Des galions espagnols sillonnaient régulièrement l'Atlantique, transportant l'or et l'argent des Amériques vers l'Europe. La monnaie espagnole était en usage tout autour du monde et terminait souvent dans les coffres des pirates.

Chasse au trésor
Guidé par les récits du naufrage et la carte de 1717, l'explorateur sous-marin Barry Clifford réussit à localiser le *Whydah* en 1984, après quinze ans de prospection. Le bateau s'était décomposé, mais le plongeur retrouva des pièces de monnaie, des canons et la cloche du navire. L'inscription sur la cloche confirma définitivement qu'il s'agissait de l'épave du *Whydah*.

L'inscription en haut de la cloche indique « Whydah Gally 1716 ».

La cloche en bronze était frappée toutes les demi-heures pour indiquer aux marins le début et la fin de leurs quarts.

1 Tenez bon !
Tout en haut des gréements, des matelots sont ballottés par les vents furieux.

2 Le charpentier
Thomas Davies, le charpentier, tente désespérément de réparer le navire.

3 Le capitaine
Samuel Bellamy hurle ses ordres à l'équipage, mais le fracas de la tempête couvre sa voix.

4 À la barre
Le pilote, John Julian, 16 ans, un marin expérimenté, lutte pour maintenir le cap.

5 Mal de mer
L'incessant roulis a rendu malade ce matelot, qui s'agrippe fermement au bord du bateau.

6 Un homme à la mer !
L'enfant pirate John King passe par-dessus bord, suivi de près par un canon.

PIRATES EN PÉRIL

Il est minuit passé et le *Wydhah* est pris dans les affres de la tempête qui fait rage. Le capitaine Bellamy et son équipage travaillent sans relâche à combattre la tempête, mais celle-ci est féroce et puis le navire est lourdement chargé. Soudain, le *Whydah* heurte un banc de sable affleurant sous les eaux et commence à se retourner. Le *Whydah* connaît ses dernières minutes. Seuls deux pirates survivront à la catastrophe.

Les matelots luttent pour rabattre les voiles sans tomber.

«Je suis un **prince libre**, et j'ai autant d'autorité pour **faire la guerre** au monde entier que celui qui possède une **centaine de navires.**»

- Samuel Bellamy, capitaine du *Whydah* (1689-1717) -

7 En roue libre
Les canons se sont détachés. Ils roulent sur le pont puis plongent dans les eaux.

8 Drapeau bas
Le mât se brise et tombe, emportant le drapeau pirate dans sa chute.

Un bateau alourdi

Le *Whydah* était très lourd lorsqu'il sombra – les nombreux canons en fer qu'il transportait ont dû contribuer à l'envoyer par le fond.

Plus de 50 canons ont pu être remontés à la surface.

La vie à bord

Les membres de l'équipage étaient traités à égalité, mais la nourriture fraîche était rare. Les pirates mangeaient ce qu'ils trouvaient ou volaient sur les autres navires. Le *Whydah* possédait une poêle et une théière qui ont bien servi.

La théière du *Whydah* a sans doute été bosselée avant le naufrage.

À la mode pirate

Les pirates portaient plutôt des habits pratiques et adaptés à la vie en mer. Mais ils s'emparaient aussi de vêtements ou d'accessoires plus luxueux lors des abordages et les mettaient parfois pour parader.

Minipirate

Tous les pirates n'étaient pas des adultes. À environ 9 ans, John King choisit de rejoindre l'équipage de Bellamy lorsque le navire où il se trouvait fut attaqué. Sa carrière fut brève. Une jambe d'enfant recouverte d'un bas de soie et l'une de ses chaussures furent retrouvées derrière un canon.

L'une des élégantes chaussures en cuir de John King.

Des boutons en or et de fines boucles de ceinture découverts sur le site du naufrage.

UNE VILLE EN PLEIN ESSOR

En 1859, W.S. Bodey découvrit de l'or dans un coin perdu de la Californie. Il mourut de froid dans le blizzard avant d'exploiter son filon, mais déjà la nouvelle circulait. On a trouvé de l'or ! Les prospecteurs affluèrent. La ville de Bodie sortit de terre. En 1880, sa population atteignait 7 000 âmes. Quand le gisement fut épuisé, la plupart des habitants s'en allèrent. Aujourd'hui, Bodie est une ville fantôme.

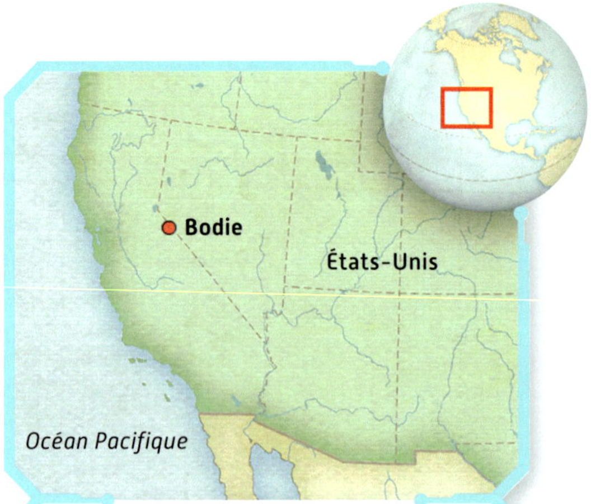

L'Ouest américain
Bodie s'est développée à 2 553 mètres d'altitude, dans les montagnes de la Sierra Nevada, comté de Mono, Californie. L'environnement est poussiéreux et sec, chaud en été et glacial en hiver.

Le moulin Standard
Aujourd'hui, le plus important bâtiment de Bodie est connu sous le nom de Standard Mill. Les minerais extraits par les mineurs y étaient apportés et broyés pour séparer l'or et l'argent des roches de moindre valeur. Ce procédé industriel était extrêmement polluant.

Alerte incendie
Bodie était construite en bois. Les incendies y étaient une menace permanente. La ville compta jusqu'à quatre brigades de pompiers, équipées de pompes à incendie mobiles actionnées à la main.

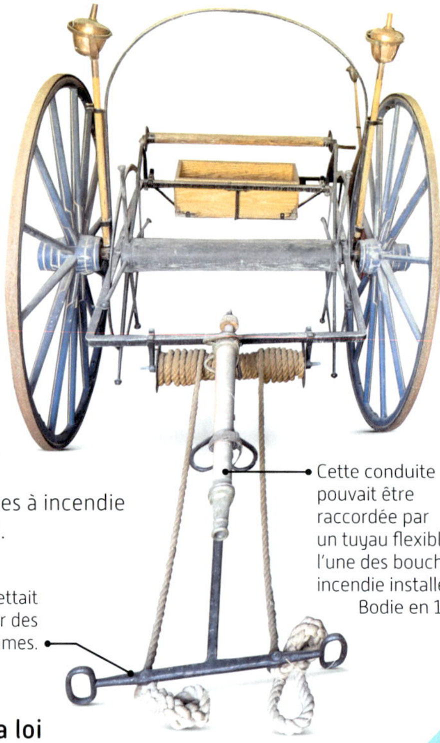

Cette conduite pouvait être raccordée par un tuyau flexible à l'une des bouches à incendie installées à Bodie en 1880.

Cet arbre en forme de T permettait que la pompe soit tirée par des chevaux ou poussée par des hommes.

La prison de Bodie était petite. Elle ne comprenait que deux cellules.

Faire respecter la loi
Le respect de la loi à Bodie était l'affaire de John F. Kirgan, policier et gardien de la prison. Des bagarres et des fusillades éclataient parfois en ville, mais Kirgan et ses hommes veillaient attentivement à sa sécurité.

Une ville fantôme
Les derniers habitants de Bodie sont partis dans les années 1960, sans rien emporter. Aujourd'hui, les bâtiments sont conservés en l'état dit de « déclin arrêté ». Cela signifie que personne n'a le droit de toucher à quoi que ce soit dans aucune des maisons.

Coup d'œil sur le passé

La population de Bodie a commencé à décliner à partir de 1881, au fur et à mesure des départs. Aux environs de 1915, la plupart des occupants avaient quitté la ville, et en 1962 le bourg presque désert fut classé parc historique par l'État de Californie. Les quelque 100 bâtiments encore debout permettent de découvrir de l'intérieur les conditions de vie des anciens habitants.

1 L'hôtel Dechambeau, l'un des rares immeubles en brique de Bodie, servait aussi en 1880 de bureau de poste.

2 La rue la plus animée de Bodie, Main Street (de gauche à droite), croise Green Street (de haut en bas) à cette intersection.

3 Voici l'ancienne école de Bodie. On y enseigna jusqu'en 1942. À l'intérieur, les bureaux d'époque y sont toujours disposés en rangées.

Des immigrés asiatiques

Plusieurs centaines de Chinois vivaient à Bodie, dans une zone appelée Chinatown. Beaucoup conduisaient des trains de mules, des attelages qui convoyaient le bois nécessaire au chauffage des poêles.

GROSSE JOURNÉE À BODIE

Par une chaude après-midi d'été à Bodie, les habitants vaquent à leurs occupations dans la rue principale. Chaque journée semble apporter son lot de changements, tant sont nombreux les nouveaux venus attirés par l'appât du gain. Avec ses nouvelles maisons et ses nouvelles entreprises, Bodie est en plein développement.

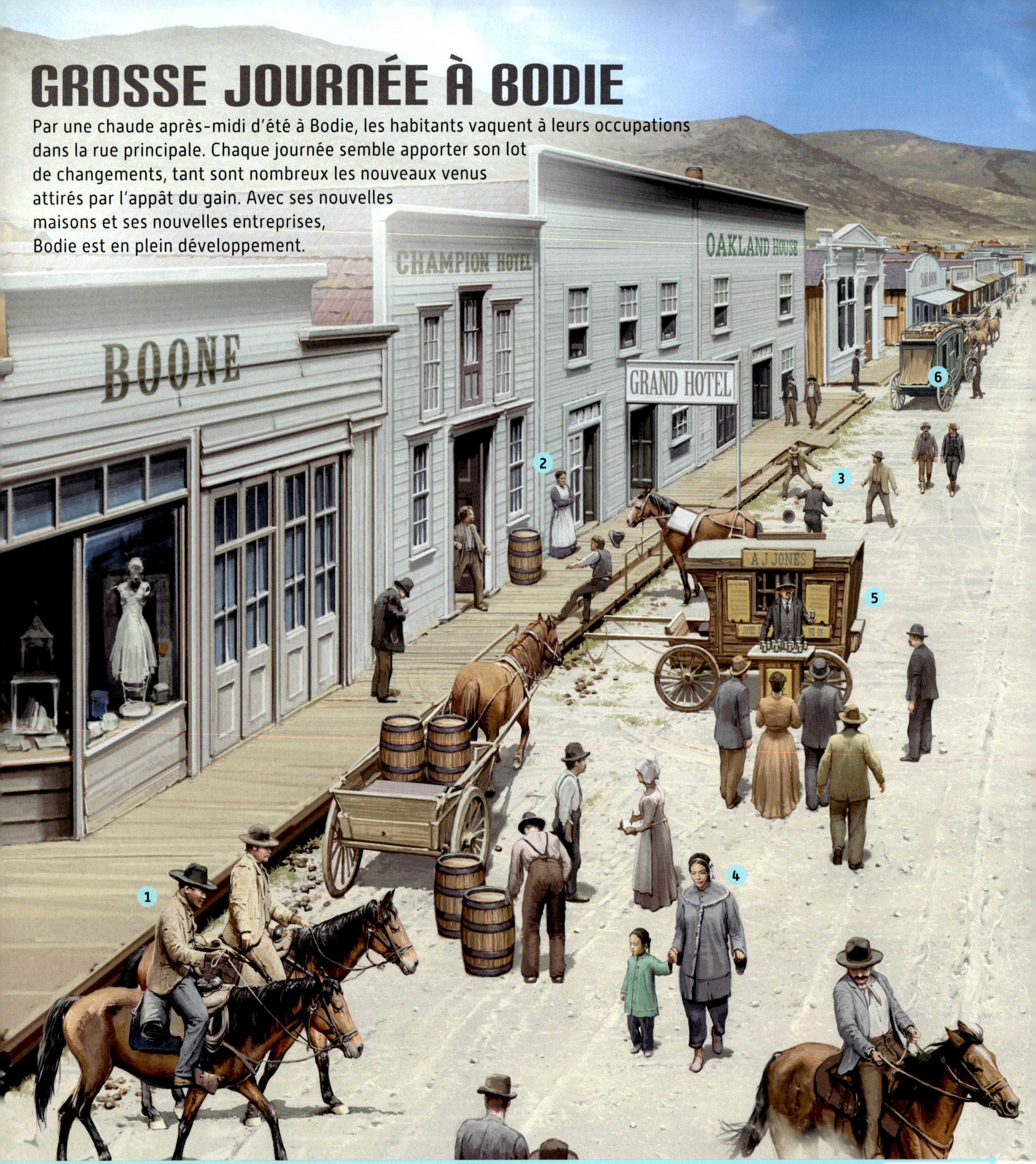

1 Tout juste arrivés Ces cavaliers venus d'un ranch voisin cherchent une étable pour leurs montures.

2 Coiffeuse Jane Carter, l'une des coiffeuses de la ville, fait une pause entre deux clients.

3 Bagarre au bar Une rixe commencée dans un bar se poursuit dans la rue, attirant deux policiers.

4 L'heure des courses Cette mère et son enfant se rendent au magasin de Boone pour plusieurs achats, dont peut-être un jouet.

5 Médecin ambulant Un attroupement se forme autour d'un guérisseur pour voir ce qu'il propose avant qu'il ne poursuive sa route.

6 Précieux chargement Cette diligence transporte des lingots d'or et d'argent. Elle est protégée par une garde armée.

7 Au feu ?
Cette équipe de pompiers se précipite après le signalement d'un incendie à l'extrémité nord de la ville.

8 Le bocard
Des volutes de fumée s'échappent du moulin à pilons où le minerai est traité.

9 Le train de mules
Les arbres sont rares par ici. Le bois de chauffage vient de loin, à dos de mules.

10 Touché
L'école est finie. Deux enfants jouent dans la rue sur le chemin du retour.

11 Livraison en gros
Ce chariot massif livre divers produits. Il est si lourd qu'il faut seize mules pour le tirer.

12 Eh ! Tout doux !
Un jeune cheval est surpris par le vacarme urbain. Son cavalier fait de son mieux pour l'apaiser.

LE MAGASIN DE BOONE

Le magasin général est l'un des plus importants de n'importe quelle petite ville. Bodie en comptait plusieurs. Celui de Boone survécut le plus longtemps. À l'intérieur, on trouvait de tout, nourriture, vêtements, jouets, outils et beaucoup d'autres choses. Ces marchandises indispensables arrivaient à bon port sur des chariots qui remontaient la route du canyon, au nord de la ville.

Emplacement stratégique
Boone est idéalement situé dans la rue principale. Le magasin doit son nom à son propriétaire, Harvey Boone, qui l'a ouvert en 1879. Boone dirigeait plusieurs autres entreprises et figurait parmi les citoyens les plus influents de Bodie. C'était aussi un parent du légendaire explorateur Daniel Boone.

Vêtements à toute épreuve
Les jeans ont été inventés en 1873 aux États-Unis et sont vite devenus des vêtements de travail populaires. La plupart des mineurs de Bodie en portaient de semblables à celui-ci, fabriqué dans les années 1880 et conservé au Levi Strauss Museum. Boone a dû vendre des jeans, de même que du denim, la toile nécessaire à sa fabrication.

Pendant que ses parents font leurs courses, cette fillette a repéré une poupée qu'elle rapporterait bien chez elle.

Ce client patiente pendant que le vendeur tourne la roue du moulin à café.

Des jouets bruyants, comme ce tambour, étaient très demandés – au moins par les enfants !

Cette poupée tient une balle miniature et une raquette. Elle est plutôt élégante pour jouer au tennis !

Plaisir et jeux
Les enfants devaient se ruer sur le rayon des jouets chez Boone. Les billes colorées destinées à une version réduite du bowling avaient du succès. De même que les armes en jouet, avec lesquelles les enfants jouaient à être des soldats de la guerre de Sécession, qui s'était achevée quinze ans plus tôt.

Le plafond en étain est décoré de panneaux ouvragés.

Ce vendeur doit monter sur une échelle pour atteindre les rayonnages supérieurs.

Toute la vérité !
Le *Bodie Standard-News* était l'un des six journaux de la ville. Il publiait des informations sur la cité et sur son activité économique, ainsi que des publicités. Dans un monde sans télévision ni radio, les journaux étaient souvent le seul moyen de se tenir au courant des dernières nouvelles.

Le siège du conducteur était à l'extérieur, au grand air. Un garde armé l'accompagnait parfois pour le protéger.

La farine et le sucre étaient entreposés dans des tonneaux.

Médecine
Dans beaucoup de villes, le magasin général servait aussi de pharmacie. Boone proposait des remèdes contre la migraine, le rhume des foins, les indigestions et même la calvitie.

Transport interurbain
Des diligences reliaient Bodie au reste du monde. Elles ramassaient et distribuaient le courrier, et transportaient des passagers d'une ville à une autre. Elles acheminaient aussi les lingots d'or et d'argent extraits des mines de Bodie vers les ateliers monétaires qui les fondaient et frappaient les pièces de monnaie.

AU *SALOON* CHAMPION

Après une rude journée de travail dans les mines ou au moulin à pilons, les hommes de Bodie se rendent dans l'un des 60 *saloons* de la ville pour se retrouver, discuter affaires et se détendre. À l'intérieur, le *saloon* se présente comme un long espace étroit, enfumé, où les clients boivent, jouent, savourent un bon repas et, parfois, se querellent. Aujourd'hui, une dispute au *saloon* Champion à l'issue d'une partie de cartes est sur le point de dégénérer en bagarre générale.

Intermède musical
La plupart des saloons avaient un piano et certains organisaient des spectacles chaque soir. Parfois le pianiste était accompagné au violon, à la guitare et au chant. Ce piano est toujours visible dans le Sam Leon Bar, l'un des *saloons* encore debout de Bodie.

1 Cet homme ne peut croire que son moment de détente soit perturbé par un tricheur aux cartes ! Une fois de plus !

2 Personne ne peut tromper ce joueur et s'en tirer comme ça ! Il est tellement en colère qu'il brandit son révolver.

La mort à Bodie
La vie à la frontière était pleine de dangers. Dans les *saloons*, les armes à feu étaient promptes à quitter leurs étuis. Le travail dans les mines était risqué, les accidents souvent mortels. Le corbillard tiré par des chevaux ne chômait pas sur la route du cimetière.

5 Un crachoir rempli de déchets visqueux de tabac mâché et recraché par les clients.

Battre le banquier

Le pharaon, *faro* en anglais, était le jeu de cartes le plus populaire de l'Ouest. Les joueurs devaient faire correspondre leurs cartes avec celles du banquier. Ce jeu trépidant était parfois appelé « défier le tigre », d'après le tigre du Bengale dessiné au dos des premiers paquets de cartes.

Une arme de choix

La plupart des révolvers en circulation à Bodie étaient à canon court, comme ce pistolet anglais, le Bulldog. Ce petit calibre s'enfouissait aisément dans une poche de veste, où il était facile à dissimuler et vite dégainé en cas de bagarre.

3 Les mineurs filent souvent droit au *saloon* après leur travail. Certains ne changent même pas leurs habits sales.

4 Le banquier du *faro* vient d'arriver de la côte Est. Il ne quitte du regard ni les joueurs ni son argent.

6 Le barman va mettre fin à la dispute en cours. Il en a l'habitude, c'est pourquoi il a caché une arme derrière le bar.

Les mineurs pouvaient plus facilement discuter au siège de leur syndicat que dans les *saloons* bruyants. C'est de là qu'ils ont mené leur combat pour demander – et obtenir – un salaire équitable de 4 dollars par jour.

LINE
ROYAL
BAKING POWDER
PLEASE
DO NOT
ASK FOR
CREDIT
BAR SUGAR
MERCANTILE

TOUJOURS DISPONIBLE

Dans la ville fantôme de Bodie, les étagères du magasin Boone continuent de proposer les denrées mises en vente quand la ville était habitée. Les visiteurs peuvent ainsi découvrir divers produits d'épicerie, des alcools, le foin et les grains pour les chevaux, sans oublier la poudre dentifrice. Le moulin à roue face à la porte d'entrée n'attend que des clients pour moudre du café fraîchement acheté.

LE *TITANIC*

Le *Titanic* était le plus grand, le plus rapide, le plus luxueux navire de croisière jamais construit – et ses concepteurs disaient aussi qu'il était le plus sûr. Mais, pour son premier voyage, en avril 1912, il heurta un iceberg. Trois heures plus tard, il gisait au fond de l'océan. Plus de 1 500 personnes perdirent la vie.

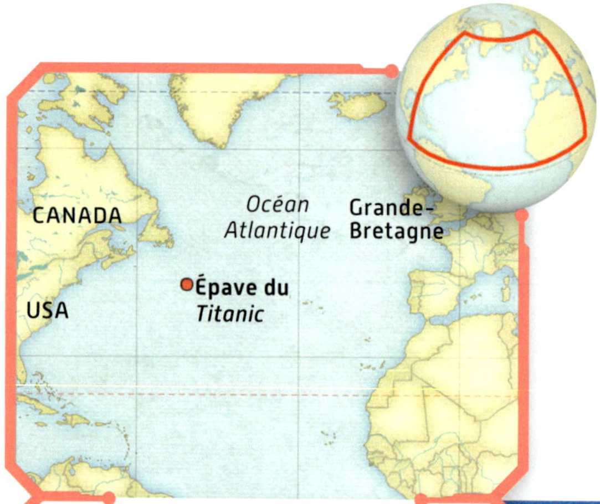

Le lieu du naufrage

Le *Titanic* sombra le 15 avril 1912, alors qu'il se rendait de Southampton, au Royaume-Uni, à New York, aux États-Unis. L'épave repose à une profondeur de 3 800 mètres, en pleine mer, au large de la côte de Terre-Neuve, au Canada.

La construction

Le *Titanic* fut commencé en mars 1909 sur les chantiers Harland & Wolff, à Belfast, au nord de l'Irlande. C'était le deuxième d'une série de super-paquebots de la compagnie White Star Line, après son jumeau, l'*Olympic* (que l'on voit ici). Les bateaux étaient si grands qu'on a dû construire pour eux des cales sèches spéciales.

Trois énormes hélices en bronze étaient fixées à l'arrière du navire pour le propulser dans l'eau.

La baignoire en porcelaine de la cabine du capitaine Edward Smith, qui mourut dans la tragédie.

Préservé par la mer

Même après plus de cent ans, l'épave est en grande partie intacte. À cette profondeur, le froid et la pression sont si intenses que la plupart des plantes, des poissons ou des bactéries qui normalement rongent les épaves ne peuvent survivre.

Les parties en fer du navire sont maintenant couvertes de « rusticles » en forme de glaçons, un mélange d'éléments ferreux et de bactéries qui dévore le métal.

Trois personnes peuvent monter à bord du *Nautile*.

La découverte de l'épave

Le *Titanic* n'a été localisé qu'en 1985, lorsqu'une expédition franco-américaine repéra l'une des chaudières. Peu après, c'est la proue (l'avant) qui fut retrouvée, enlisée dans la boue. Depuis lors, des sous-marins comme le *Nautile* ont remonté des centaines d'objets des fonds marins.

Un géant flottant

Le *Titanic* était vraiment immense. Ses dix ponts pouvaient transporter 3 547 passagers et membres d'équipage. Il était long de 269 mètres, autant que 22 autobus. À charge pleine, il pesait 67,063 tonnes.

Sépulture sous-marine

La proue du *Titanic* repose sur le fond marin, partiellement enterré dans une boue épaisse. À environ 600 mètres, lui tournant le dos, gît la poupe (l'arrière). Alourdie par ses compartiments inondés, la proue se détacha du reste du paquebot et coula la première. Les débris furent dispersés sur une zone d'à peu près 2 kilomètres carrés.

1
2
3
4
5
S.S. TITANIC
S.S. TITANIC

UN NAUFRAGE SI RAPIDE

Le 14 avril 1912, peu avant minuit, le *Titanic* heurte un iceberg qui ouvre plusieurs voies d'eau dans la coque. En quelques minutes, des parties entières du paquebot s'emplissent d'eau, tirant la proue vers le bas. Tandis que les passagers affolés se précipitent pour monter dans les canots de sauvetage, les membres de l'équipage essaient désespérément d'aider ceux qui le demandent à quitter le bord. Dans moins de trois heures, le navire condamné reposera au fond de l'océan.

1 Les hommes en dernier
Un membre de l'équipage s'assure que femmes et enfants montent en priorité à bord des canots.

2 Sauvez mon enfant !
Cette mère lance son bébé vers le canot en sachant qu'elle a peu de chance de survivre elle-même.

3 À la manœuvre
Une petite grue, le bossoir, permet aux marins de descendre les canots, grâce à un système de cordes et de poulies.

4 Le canot numéro 15
Ce canot de sauvetage, l'un des derniers à descendre, emporte avec lui 70 rescapés.

5 Le canot numéro 13
Des hommes tentent d'éloigner l'embarcation avec les rames avant que le canot 15 ne les écrase.

6 Transat à la mer
On jette des transats pour que les naufragés puissent s'y accrocher.

7 Une lueur étrange
Cette lueur phosphorescente verte est émise par des micro-organismes marins.

8 N'éteignez pas !
L'électricité et les lumières fonctionnent toujours, grâce au dévouement des chauffeurs.

9 À la nage
Certains passagers ont sauté dans l'eau glacée et tentent de nager jusqu'aux canots de sauvetage.

10 La proue coule
L'avant du paquebot s'enfonce dans l'océan, les passagers qui le peuvent se ruent vers l'arrière.

11 À l'aide
Une fusée de détresse éclate pour demander de l'aide aux navires qui passeraient à proximité.

Un trésor musical
Ce violon, rangé dans sa valise, fut repêché peu après le naufrage. Il appartenait à Wallace Henry Hartley, le chef d'orchestre du *Titanic*, qui ne survécut pas. On dit que l'orchestre joua des airs entraînants durant le naufrage pour donner du courage aux personnes qui embarquaient à bord des canots de sauvetage.

AU CŒUR DU NAVIRE

Aucune dépense n'avait été épargnée pour faire du *Titanic* le plus luxueux des transatlantiques jamais vus. Les passagers des premières classes en ont peut-être ressenti un sentiment de sécurité trompeur. Au début du naufrage, beaucoup se sentaient davantage à l'abri à bord et refusaient de patienter dans le froid devant un canot de sauvetage. Quand la réalité de la menace devint claire, la panique l'emporta, alors les passagers terrifiés rassemblèrent leurs affaires et coururent vers le pont des canots.

1 Cet homme d'équipage tente de diriger des passagers paniqués vers le pont des canots de sauvetage.

2 Des passagers persuadés d'être en sécurité refusent d'évacuer.

3 Cet homme recherche désespérément sa femme et sa fille.

4 Des passagers font la queue devant le bureau du commissaire de bord pour récupérer les objets de valeur qu'ils y ont déposés. Tout ce qui ne sera pas réclamé finira au fond de l'océan.

Une expérience rare
Les passagers des premières classes avaient accès à toutes sortes de restaurants, cafés et bars. À la Carte était le plus sélect. Les passagers payaient un supplément pour déguster de la cuisine française dans de l'argenterie et de la porcelaine, que l'on voit ici à côté d'un menu du *Titanic*.

Ces pièces d'argenterie aux armes de la White Star proviennent de l'*Olympic*.

Balade sur le pont

La plus grande partie des quatre ponts les plus élevés était réservée aux passagers des premières classes. Sur le pont A, ils pouvaient humer la brise marine le long d'une passerelle en plein air partiellement couverte, si bien qu'il était toujours possible de flâner, même par mauvais temps.

Le grand escalier

Le grand escalier était la pièce maîtresse du *Titanic*. Il conduisait du pont-promenade des premières classes jusqu'à la salle à manger du pont D. Magnifiquement décoré de lambris en chêne massif, de plinthes en laiton et d'un lustre en cristal, il était couronné par un énorme dôme en verre et fer forgé.

Le dôme en verre diffuse la lumière du jour dans le grand escalier.

6 Des serveurs continuent d'apporter des boissons aux passagers qui ont décidé de rester à bord.

5 L'ascenseur qui transporte les passagers des premières classes des ponts inférieurs au pont-promenade sera bientôt inondé.

Des passagers privilégiés

Les passagers des premières classes avaient plus de chances de survivre au désastre que toute autre personne à bord. Seuls 30 % d'entre eux périrent, contre 66 % pour les autres classes et l'équipage.

Lady Duff-Gordon prit place sur le canot 1, avec seulement onze autres rescapés. L'embarcation aurait pu sauver quarante personnes.

COURSE CONTRE LE TEMPS

Peu après le choc avec l'iceberg, il fut vite évident que le *Titanic* était condamné. L'urgence devint alors de continuer à faire fonctionner les moteurs et l'éclairage, de sorte à pouvoir évacuer le plus de personnes possible dans les canots de sauvetage. Une équipe de chauffeurs et d'ingénieurs se démena pour maintenir le navire en état de marche, tandis qu'une par une les chaudières se remplissaient d'eau.

Chaque chaufferie employait une équipe de quatorze hommes, chaque chaudière consumait 1 tonne de charbon toutes les deux minutes.

Feu continu

Le *Titanic* brûlait du charbon qui produisait de la vapeur, laquelle faisait tourner les moteurs. Les « gueules noires », une équipe de 289 soutiers, se relayaient pour pelleter en permanence du charbon dans les vingt-neuf énormes chaudières qui poussaient les moteurs à plein régime.

Première trouvaille

En 1985, alors que l'expédition partie à la recherche du *Titanic* touchait à sa fin, sans succès, un très gros objet apparut sur une captation vidéo du fond de l'océan : l'une des chaudières ! Après soixante-treize ans, on avait retrouvé la trace du *Titanic*.

La chaudière était tournée vers le haut, les portes circulaires du foyer sont encore bien visibles.

1 Le *Titanic* disposait de vingt-neuf chaudières identiques, réparties dans six salles.

2 Les chaudières comportaient trois foyers à chaque extrémité.

Le navire coule

Le *Titanic* était supposé insubmersible parce qu'il était divisé en seize compartiments étanches. Si deux compartiments prenaient l'eau, le navire continuait à flotter. Mais l'iceberg perça une série d'entailles dans la coque, et l'eau se rua dans quatre compartiments, puis se répandit dans un cinquième. C'était trop pour le *Titanic*.

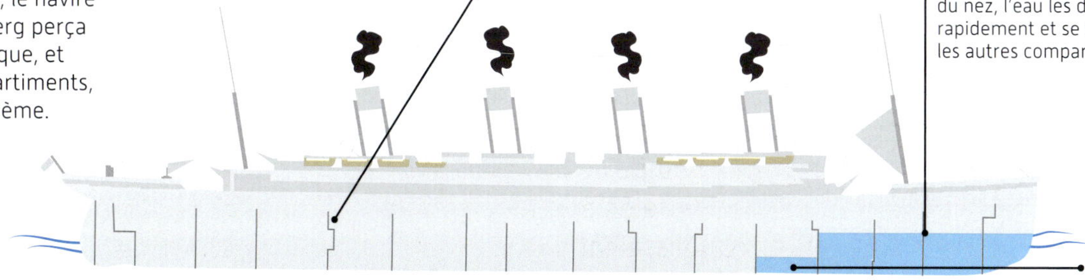

3 La montée des eaux est un risque mortel. Si elles venaient à être inondées, les chaudières produiraient tant de vapeur qu'elles pourraient exploser.

4 L'équipe doit agir rapidement si elle veut réduire le feu et évacuer la vapeur qui s'échappe des chaudières pour diminuer les risques d'explosion.

5 L'ingénieur en charge de l'équipe tient continuellement le capitaine informé.

« **L'eau a commencé à atteindre** une hauteur de deux pieds au-dessus du sol. **Le flanc du navire était déchiré** depuis la troisième chaufferie jusqu'à l'extrémité avant. »

– Frederick William Barrett, chef de chauffe (1883-1931) –

Frederick Barrett

Le chef de chauffe Frederick Barrett était en service dans la salle 6 au moment de la collision. Il embarqua de justesse sur le canot 13. Son canot manqua de se faire écraser par le canot 15 qui leur tombait dessus, mais Barrett réussit à le dégager, sauvant ainsi de nombreuses vies.

DANS LES PROFONDEURS

Le submersible *Mir* s'approche de la proue du *Titanic*, à 3 800 mètres sous le niveau de la mer. Le sous-marin est si exigu que deux des trois explorateurs qui peuvent y prendre place doivent s'allonger. *Mir* est connecté à de plus petits submersibles robotisés qui s'aventurent dans les coins et recoins du *Titanic*.

LA PREMIÈRE GUERRE MONDIALE

Après le déclenchement de la Première Guerre mondiale (1914-1918) en Europe, les deux côtés creusèrent des tranchées pour défendre leurs positions. Ni les Alliés (conduits par la France et la Grande-Bretagne), ni les empires centraux (menés par l'Allemagne) ne purent porter de coup décisif. La bataille de Messines en 1917 fut une tentative décisive des Alliés, qui utilisèrent des mines souterraines creusées sous les tranchées allemandes. De nos jours, les archéologues continuent à exhumer des vêtements, des armes et d'autres témoignages des combats qui firent rage jusqu'à la percée alliée.

Plans de bataille
La crête de Messines est une colline de 80 mètres de hauteur dans la Belgique occupée par les Allemands, très proche de la frontière française. Les Alliés projetaient de percer les lignes allemandes et de s'emparer de la côte belge.

Des traces durables
Certains cratères formés par les explosions existent toujours. Le plus grand, à Spanbroekmolen, fut créé par 40 823 kilos d'explosifs. On l'appelle aujourd'hui « le bassin de la paix ».

Drôle d'arbre
Les Alliés recouraient à diverses méthodes pour obtenir des informations sur l'ennemi, dont cet arbre factice, fabriqué en métal et en toile, utilisé par les troupes australiennes. Un soldat équipé de jumelles se cachait à l'intérieur pour espionner l'armée allemande.

«L'arbre» ressemblait parfaitement à un tronc mitraillé et bombardé.

L'espace était étroit et très inconfortable à l'intérieur de l'arbre creux.

Canons mobiles
Grâce à de puissants canons, les obusiers, les Alliés tirèrent des milliers d'obus durant l'assaut. Appelés aussi canons de campagne, 108 petits obusiers sur roues et 214 plus grands prirent part à la bataille de Messines.

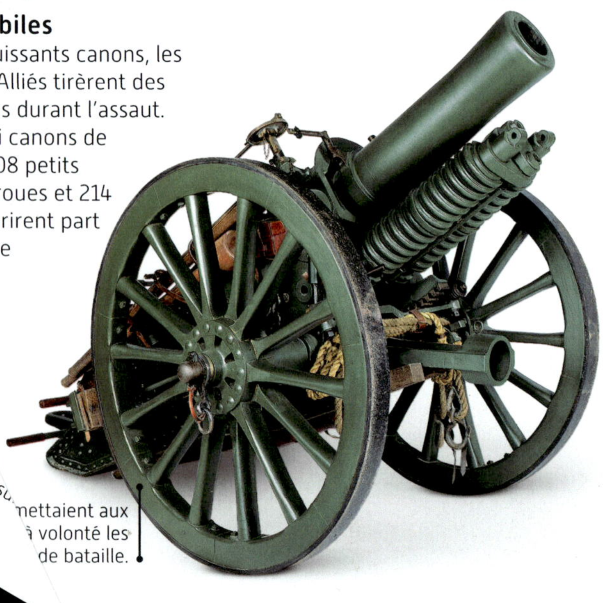

soldat… obusiers su… mettaient aux … à volonté les … de bataille.

La conception des tranchées
Les tranchées étaient creusées en zigzag plutôt qu'en ligne droite. Si l'ennemi y pénétrait, il ne pouvait tirer sur toute la longueur de la tranchée.

Lignes défensives
L'assaut des Alliés s'engagea sur une ligne de front de 16 kilomètres, mais le plus dur des combats se concentra sur la crête de Messines, une colline longue et basse. Aujourd'hui, la zone est à nouveau cultivée comme elle l'était avant la guerre. Quelques propriétaires ont autorisé les archéologues à fouiller le sol à certains endroits. Cette réplique d'une tranchée a été construite sur un site voisin.

Étayage
Les parois des tranchées étaient faites en terre et s'effondraient parfois. Elles étaient renforcées avec des madriers de bois, des branches d'osier ou de la tôle ondulée.

Caillebotis
Le sol des tranchées était tapissé de lattes en bois, des caillebotis, qui aidaient les soldats à garder leurs pieds au sec. Les troupes qui restaient trop longtemps les pieds dans la boue et dans l'eau souffraient d'un pourrissement des chairs appelé « pied de tranchée ».

Puissance de feu supplémentaire
Le réseau des tranchées allemandes comprenait des casemates en béton coiffées de mitrailleuses pour riposter aux attaques ennemies. Elles étaient généralement carrées, avec une fente devant pour permettre aux défenseurs de tirer.

B28
1
2
3
4
5
6
7
8

LES TRANCHÉES DE MESSINES

À exactement 3 h 10 du matin, le 7 juin 1917, sous une pluie d'obus, neuf énormes mines placées dans des tunnels creusés par les sapeurs du génie militaire allié explosent sous les pieds des soldats allemands défendant la crête de Messines. Au même moment, des chars et des troupes alliés se lancent à l'assaut des tranchées allemandes pour en chasser les défenseurs.

1 L'armée alliée
Des troupes britanniques, irlandaises, australiennes et néo-zélandaises foncent sur les lignes allemandes.

2 Le champ de bataille
Le chaos boueux de cratères et d'arbres calcinés entre les deux tranchées est connu sous le nom de *no man's land*.

3 Puissance de feu
Les canons lourds envoient des obus de 27 kilos sur les tranchées allemandes dans le but de détruire leur artillerie.

4 À l'abri des balles
Les balles rebondissent sur ce tank britannique Mark IV alors qu'il progresse vers la tranchée ennemie.

5 Baïonnette au canon !
Les soldats alliés se laissent glisser dans la tranchée et se préparent au combat rapproché.

6 Comme en plein jour
Une fusée éclairante illumine le ciel nocturne. Sa lumière aide les défenseurs à repérer l'approche de l'ennemi.

7 Le génie allemand
Les tranchées sont défendues par des sacs de sable, des murs solides, des abris et des marchepieds pour les positions de tir.

8 Pris par surprise
Ces soldats étaient au repos au début de l'attaque. Ils ont intérêt à vite rejoindre leurs positions.

9 En communication
Le « téléphone de campagne » permettait aux soldats de contacter le quartier général. Souvent les câbles étaient coupés.

10 Duel aérien
Tout là-haut, des S.E.5 et des Sopwith Triplanes alliés affrontent des Albatros D.III allemands.

11 Boum !
Ces explosions sont causées par les mines creusées sous les tranchées.

LA VIE AU FRONT

La vie quotidienne au front est soit très ennuyeuse, soit très dangereuse. Pour beaucoup de soldats allemands, les abris disposés comme des caves le long de la tranchée sont des endroits où se détendre entre les combats. Au même moment, en surface, d'autres soldats déclenchent des tirs de mitrailleuses protégés dans des casemates en béton pour repousser l'assaut ennemi.

La tranchée-abri

Les soldats pouvaient s'abriter des bombes ou se reposer lors des accalmies dans des excavations creusées dans le mur de la tranchée, appelées tranchées-abris. Les tranchées-abris allemandes étaient souvent plus profondes et mieux conçues que celles des Alliés.

Les Alliés comme les Allemands utilisent des millions de sacs de sable pour se protéger des balles et des obus explosifs. Chaque sac de sable pèse environ 18 kilos.

Les soldats se reposent, font du café ou piquent un roupillon dès que possible, car ils ne savent jamais quand l'ennemi repassera à l'attaque.

Les hommes font bouillir de l'eau ou cuire des aliments dans une gamelle en fer-blanc, sur de petits réchauds.

En écrivant ou en recevant des lettres, les soldats pensent aux êtres chers restés à la maison.

Jeu de cartes

Jouer aux cartes était un bon moyen de tenir l'ennui à distance. Des fabricants de jouets produisaient des cartes décorées d'images militaires pour les soldats, tel ce jeu suisse.

Comme chez soi

Certains régiments allemands aménagèrent des abris presque accueillants, avec des panneaux sur la porte du genre « Mon nid douillet ». Certains avaient deux et même trois niveaux de souterrains.

Les rats

Il y avait plus de rats que de soldats dans les tranchées. Ils volaient de la nourriture et propageaient des maladies. Les deux camps utilisaient des chiens, des terriers en particulier, pour chasser les envahissants rongeurs.

Feu roulant

La Maschinengewehr 08, ou MG08, était la principale mitrailleuse de l'armée allemande. Elle tirait 400 cartouches par minute sur une portée de 2 kilomètres. Les munitions étaient introduites par des bandes de 250 cartouches.

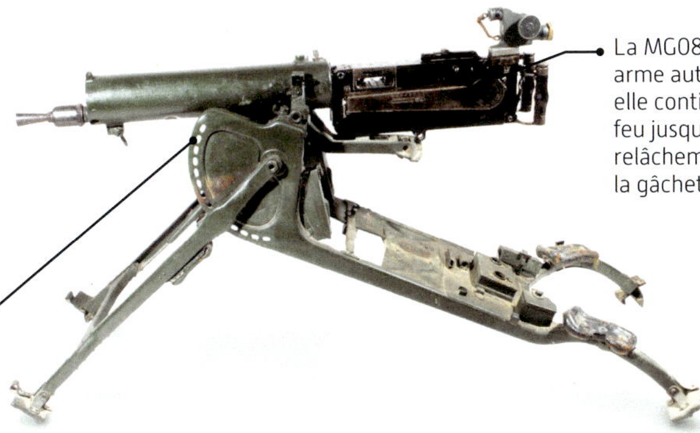

Le casque

Le casque *Stahlhelm*, « seau à charbon », fut en usage dans l'armée allemande lors des deux guerres mondiales. Les trous de côté assuraient la ventilation. En hiver, les soldats les bouchaient avec de la boue ou du tissu pour bloquer l'air froid.

« **La guerre de tranchées** est la **plus sanglante, la plus sauvage, la plus brutale** de toutes… Il n'y a pas de pitié ici, **pas de retour en arrière**… »

- Ernst Jünger, officier allemand (1895-1998) -

Les casemates

Les assaillants étaient terrifiés lorsqu'ils devaient monter à l'assaut des casemates – leur feu nourri depuis leur position surélevée faisait des ravages. Mais elles étaient vulnérables aux bombes et aux balles.

Arme de poing

Plutôt qu'un fusil, les officiers d'artillerie allemands portaient ce pistolet à canon long, un Luger.

MONSTRES D'ACIER

Les soldats allemands ont dû être terrifiés devant le grondement d'un char Mark IV s'approchant lentement mais inexorablement, leurs balles rebondissant sur son blindage alors qu'il faisait feu de ses puissants canons. Mais le Mark IV n'était pas invincible. La boue épaisse et les pentes raides lui posaient beaucoup de problèmes, ainsi que les obus allemands. Son équipage souffrait de la chaleur, de la moiteur et de l'inconfort. C'était une mission dangereuse.

Canon de 6 livres
Il existait deux types de char Mark IV. Le premier était équipé d'un grand canon sur chacun de ses côtés, tirant des obus de 6 livres, le second de deux mitrailleuses, utiles lors des combats rapprochés contre les régiments d'infanterie.

Les huit hommes de l'équipage entraient par une trappe sur le toit : le pilote, le chef de char, deux canonniers, deux chargeurs et deux opérateurs de freins.

Le moteur 6 cylindres Daimler 105 chevaux pouvait atteindre une vitesse maximale de 5,95 kilomètres heure.

La tourelle, implantée sur le côté du char, permettait au canon de pivoter et de viser plus facilement sa cible.

Le blindage du Mark IV, épais de 12 millimètres, était à l'épreuve des balles, mais un tir d'artillerie lourde pouvait l'immobiliser.

« Ce fut pour les Allemands une **surprise complète et absolue** que nous **ayons conçu** une arme telle que les **chars d'assaut.** »
- Monty Cleeve, officier d'artillerie britannique (1894-1993) -

Munitions lourdes
Les Mark IV emportaient environ 300 obus pour leurs canons de 6 livres. Ils pouvaient parcourir une distance supérieure à 7 kilomètres et mesuraient 48 centimètres de long pour 7,6 centimètres de diamètre.

Pédales de commande

Le chef de char et le pilote prenaient place à l'avant. Le chef de char contrôlait la vitesse du blindé grâce à des pédales. Le pilote tirait sur des leviers pour faire tourner le char en bloquant l'une ou l'autre des chenilles.

Le premier modèle de char de combat fut conçu plutôt par la marine britannique que par l'armée de terre. D'abord appelé « cuirassé de terre » ou « chenille de terre », puis surnommé « Little Willie », il fut construit en 1915. Après quelques modifications, il adopta la taille et la forme de ce qui devint le Mark IV. Little Willie resta le seul prototype de son espèce jamais construit.

Le chef de char du Mark IV était aussi responsable des mitrailleuses Lewis ou Hotchkiss placées à l'avant.

Après ses débuts à Messines, le Mark IV fut construit en 1 200 exemplaires. Il fut le char le plus engagé dans les batailles de la Première Guerre mondiale.

Avec ses 8 mètres, le Mark IV était aussi long qu'un autobus. Il mesurait 4,11 mètres en largeur et 2,43 mètres en hauteur.

Coincé dans la boue

Si un char restait prisonnier de la boue, son équipage attelait devant ses chenilles un long madrier rectangulaire en bois et en métal, appelé poutre de désenlisement. En s'appuyant sur cette surface solide, le char pouvait se libérer.

DES ARMÉES INTERNATIONALES

Ces soldats de l'armée française venus d'Afrique prirent part aux combats de la Première Guerre mondiale. Au début du conflit, la France et la Grande-Bretagne mobilisèrent des troupes dans leurs colonies d'outre-mer. Environ 2,5 millions d'Africains et 1,5 million d'Indiens furent envoyés au front.

GLOSSAIRE

Alliés
Peuples ou pays travaillant ensemble. Pendant les deux guerres mondiales, on a appelé Alliés les pays combattant l'Allemagne et les pays qui faisaient alliance avec elle.

Amulette
Petit objet réputé protéger des mauvais esprits, des maladies ou du danger.

Ancêtre
Personne ayant vécu autrefois et ayant un lien de parenté avec des personnes vivant aujourd'hui.

Anglo-Saxon
Peuple vivant en Angleterre depuis le Vᵉ siècle et en contrôlant une grande partie, jusqu'à la conquête normande de 1066.

Aqueduc
Canalisation, soit surélevée, soit enterrée, qui achemine de l'eau.

Archéologue
Personne qui fouille des sites pour reconstituer leur histoire en étudiant les objets et les restes humains découverts sur place.

Artillerie
Armes de gros calibre utilisées pendant les guerres.

Artisan
Travailleur manuel qualifié produisant des objets de ses propres mains.

Autopsie
Examen d'un cadavre réalisé par un médecin légiste pour découvrir les causes du décès.

Bactérie
Formes de vie microscopiques qui pullulent autour de nous. Certaines peuvent causer des maladies et des infections.

Calligraphie
Écriture à la main d'une grande beauté, particulièrement appréciée dans le monde arabe, en Chine et au Japon.

Caravane
Convoi d'animaux, souvent des chameaux, transportant des marchandises sur de longues distances. Les caravanes de chameaux étaient fréquentes sur les routes de la soie.

Carrière
Lieu d'extraction de roches et de minerais.

Cité-État
Une ville et son territoire qui possèdent leur propre gouvernement indépendant.

Citoyen
Personne appartenant à une cité ou une communauté plus vaste, comme un État ou un pays, et jouissant de certains droits.

Colon
Personne originaire d'une région s'installant dans une autre région ou pays, sur des terres souvent déjà occupées par d'autres gens.

Colonie
1. Territoire sous le contrôle politique et économique d'un autre État, généralement en dehors de ses frontières.
2. Endroit où des colons s'installent et construisent.

Culture
Coutumes, croyances et comportements partagés par une société.

Déité
Dieu ou déesse.

Diplomate
Personne chargée par un pays ou un autre corps politique de négocier et de maintenir des relations avec un pays étranger.

Duel aérien
Combat rapproché entre deux avions, particulièrement lors des deux guerres mondiales.

Dynastie
Famille dirigeant un pays de génération en génération.

Empereur / Impératrice
Dirigeant tout-puissant d'un empire.

Empire
Ensemble de pays ou de peuples sous le commandement d'un seul gouvernement ou d'une seule personne.

Esclavage
Système qui considère les êtres humains comme des propriétés. Les esclaves n'ont pas de droits et travaillent sans salaire.

État
Pays ou région à l'intérieur d'un pays ayant son propre gouvernement.

Examen médico-légal
Tâches effectuées par les scientifiques pour élucider des crimes.

Extinction
Une espèce est éteinte quand elle ne compte plus de représentants vivants.

Fondre
Extraire des métaux, sous forme de minerais, des roches qui les contiennent.

Fouiller
Exploration en profondeur méthodique d'un terrain dans le but d'y retrouver des restes de bâtiments, des squelettes ou des objets.

Forteresse
Voir Fortification.

Fortification
Bâtiment ou ensemble de bâtiments massif conçu pour résister aux attaques et protéger ses occupants.

Fresque
Peinture murale posée directement sur un enduit frais.

Frise
Bande décorative courant le long de la partie supérieure d'un mur ou d'un bâtiment.

Galion
Navire à trois mâts des XVᵉ, XVIᵉ et XVIIᵉ siècles.

Glacier
Importante masse de glace avançant très lentement, généralement le long de vallées montagneuses.

Gothique
Style architectural répandu en Europe à partir du XIIᵉ siècle, caractérisé par des flèches aériennes et des arcs brisés. Se dit aussi de l'art religieux de cette période.

Gouvernement
Ensemble de personnes, parfois élues, dirigeant un pays.

Guerre civile
Guerre entre les habitants d'un même pays.

Immigré
Personne quittant son pays pour se déplacer et s'installer dans un autre.

Importation
Achat de biens ou de services en provenance d'un pays étranger.

Infanterie
Partie d'une armée constituée de soldats combattant à pied.

Lingot
Barre de métal précieux, en or ou en argent par exemple.

Livre saint
Texte sacré d'une religion donnée, par exemple la Bible chrétienne ou le Coran pour l'islam.

Mangrove
Forêt poussant dans des eaux peu profondes à proximité des rivages ou dans les estuaires des fleuves des régions tropicales, avec des racines apparentes.

Manuscrit
Document rédigé à la main, la forme la plus courante des livres avant l'invention de l'imprimerie.

Marchand
Personne qui achète et vend des biens.

Médiéval
Décrit la période comprise entre les VIe et XVe siècles, spécialement en Europe.

Moghols
Dynastie musulmane ayant gouverné de grandes parties de l'Inde de 1526 au milieu du XIXe siècle.

Momification
Méthode de conservation des corps après le décès. La momification peut se produire Naturellement quand le cadavre est placé dans certaines conditions.

Mosaïque
Décoration composée de fragments de verre, de pierre ou de céramique disposés de sorte à dessiner une image ou un motif.

Moulage
Copie d'un objet original obtenue en coulant du plâtre dans un moule. Les archéologues coulent du plâtre dans les cavités laissées dans la terre après la décomposition des corps ou des objets.

Munition
Objets tirés ou propulsés par une arme, par exemple les balles.

Néolithique
Dernier âge de pierre, marqué par le perfectionnement des outils et le début de l'agriculture.

Noble
Membre de la noblesse ou de l'aristocratie disposant de plus de droits et de privilèges que les paysans ou les marchands.

Pagne
Pièce de tissu ou de peau d'animal nouée autour de la taille.

Palestre
École de lutte dans la Grèce et la Rome antiques.

Pavillon
Petit édifice, souvent plus décoratif que pratique, avec un toit supporté par des colonnes plutôt que par des murs.

Paysan
Personne vivant à la campagne et travaillant la terre.

Pèlerin
Voyageur se rendant dans un lieu sacré pour des raisons religieuses.

Pèlerinage
Voyage religieux vers un lieu sacré.

Pétroglyphe
Dessin gravé ou peint sur une roche.

Pharaon
Titre porté par le roi de l'ancienne Égypte. Les gens croyaient qu'il avait des pouvoirs sacrés et descendait du dieu du Soleil, Rê.

Pictogramme
Dessin ou gravure représentant un objet.

Plantation
Ferme ou domaine où sont cultivés le coton, le tabac, le café, le riz, le houblon ou d'autres végétaux.

Province
Partie d'un pays ou d'un empire qui dispose souvent d'une certaine autonomie d'administration.

Ranch
Grande exploitation agricole où sont élevés des chevaux, des moutons ou des bovins, particulièrement en Amérique.

Route de la soie
Plusieurs voies commerciales reliant la Chine à l'Asie de l'Est et à l'Europe, nommées d'après leur marchandise la plus précieuse, la soie.

Royaume
État ou territoire gouverné par un roi ou une reine.

Sanctuaire
Lieu saint ou sacré, par exemple un temple ou une église. C'est également un refuge pour les personnes menacées.

Scythe
Personne originaire de Scythie, région des steppes au nord de l'ancienne Perse.

Sentinelle
Soldat chargé de veiller à la sécurité.

Siège
Encerclement et blocus des entrées et des sorties d'un château, d'une ville ou de tout autre site fortifié, dans le but de s'en emparer.

Site de fouille
Terrain exploré en profondeur par des archéologues.

Société
Groupe de gens qui vivent ensemble ou qui sont réunis dans une même communauté.

Sultan
Titre porté par les dirigeants dans certains pays musulmans.

Temple
Bâtiment voué à des cérémonies religieuses.

Territoire
Zone géographique placée sous le contrôle d'un gouvernement.

INDEX

Les numéros de pages en caractères gras renvoient aux entrées principales.

A

B

C

D

E

FG

HI

REMERCIEMENTS

DK voudrait remercier :
Elizabeth Wise pour l'index ; Danielle Cluer pour la relecture ; Simon Mumsford pour les cartes ; Chrissy Barnard pour son aide à la conception.

L'éditeur remercie également les ayants droits suivants pour leur aimable autorisation de reproduire leurs photographies :

(Légende : a-en haut ; b-en bas ; c-au centre ; cl-centre gauche ; fcl-centre extrême gauche ; cr-centre droit ; cra-centre droit en haut ; clb-centre gauche en bas ; crb-centre droit en bas ; tc-centre en haut ; br-bas de page droit ; f-extrême – l-gauche ; r-droit ; t-en haut ; tl- en haut à gauche ; tr-en haut à droite)

6 **Alamy Stock Photo** : mikeobiz (bl) ; Panther Media GmbH (cl). **Getty Images** : Xavier Desmier (t) ; Anna Gorin (br). 7 **Alamy Stock Photo** : Ulrich Doering (bl) ; Hemis (tl) ; Ian Littlewood (tr). **Dreamstime.com** : Anton Aleksenko (c). **Getty Images** : R.M. Nunes (br). 8 **Alamy Stock Photo** : CTK (tc) ; James King-Holmes (cr). **Getty Images** : DEA / A. Dagli Orti (b). **Mittnik et al.** : (cl). 9 **Alamy Stock Photo:** Album (br). **Shutterstock.com** : zedspider. 11 **Alamy Stock Photo** : blickwinkel (b) ; Ian Dagnall (tl) ; The Natural History Museum (c). **Dorling Kindersley. Getty Images** : DEA / A. Dagli Orti (cb). 12-13 **Alamy Stock Photo** : agefotostock. 14 **Alamy Stock Photo** : Sanja Radosavljevic (cl/sloe berries). **Science Photo Library** : PAUL D Stewart (cr). **South Tyrol Museum Of Archaeology - www.iceman.it** : Eurac / Samadelli / Staschitz (b). 14-15 **Getty Images** : Paul Hanny. 15 **Alamy Stock Photo** : mauritius images GmbH (br). 17 **Bridgeman Images** : © Wolfgang Neeb (t) ; © Wolfgang Neeb (cl). **South Tyrol Museum Of Archaeology - www.iceman.it** : Eurac / Samadelli / Staschitz (cr) ; Harald Wisthaler (b). 18 **Alamy Stock Photo** : (br) ; Heritage Image Partnership Ltd (c). **Bridgeman Images** : Sandro Vannini (cl). 18-19 **Dreamstime.com** : Anton Aleksenko (t). 19 **Alamy Stock Photo** : History & Art Collection (br) ; robertharding (bc). 22 **Getty Images** : DEA / A. Jemolo (bl). 23 **Alamy Stock Photo** : robertharding (cr). **Bridgeman Images** : Harvard University-Boston Museum of Fine Arts Expedition (br). **Dorling Kindersley** : Peter Harper / © The Trustees of the British Museum. All rights reserved. (tr). 24 **Alamy Stock Photo** : Jose Lucas (cl). **Bridgeman Images:** NPL - DeA Picture Library (bl). **Getty Images** : Christophel Fine Art (bc). 25 **akg-images** : Heritage Images / Ashmolean Museum, University of Oxford (br). **© The Trustees of the British Museum. All rights reserved.** : (tr). **Getty Images** : swisshippo (tc). 26 **Bridgeman Images** : Harvard University-Boston Museum of Fine Arts Expedition (bc) ; Sandro Vannini (bl). 27 **akg-images** : De Agostini Picture Lib. / G. Dagli Orti (br). **Alamy Stock Photo** : agefotostock (tc). **Bridgeman Images** : Werner Forman Archive (tr). 28-29 **Bridgeman Images** : NPL - DeA Picture Library / S. Vannini. 30 **akg-images** : Bible Land Pictures (b). **Alamy Stock Photo** : Tuul and Bruno Morandi (cl) ; The Print Collector (cr). 30-31 **Alamy Stock Photo** : INTERFOTO (tr). 31 **Alamy Stock Photo** : The Print Collector (br). **Getty Images** : Photo Josse / Leemage (bl). 32 **Alamy Stock Photo** : Album (tr) ; Ivan Vdovin (tl); INTERFOTO (c) ; Zip Lexing (b). 34-35 **Alamy Stock Photo** : Tibor Bognar. 36 **akg-images** : (l). **Bridgeman Images** : Look and Learn (br). 36-37 **Getty Images** : Posnov (tr). 37 **Alamy Stock Photo** : INTERFOTO (br). **Getty Images** : Heritage Images (bc). 40 **Alamy Stock Photo** : Ancient Art and Architecture (cl). **© The Trustees of the British Museum. All rights reserved. Getty Images** : DEA / A. Dagli Orti (bl). 41 **akg-images:** jh-Lightbox_Ltd. / John Hios (br) ; Erich Lessing (cr). **Alamy Stock Photo** : PRISMA ARCHIVO (tr). 42 **akg-images** : MMA / Gift of George F. Baker / SCIENCE SOURCE (bl). 43 **akg-images** : jh-Lightbox_Ltd. / John Hios (bl) ; jh-Lightbox_Ltd. / John Hios (br). **Alamy Stock Photo** : Ivy Close Images (tr). 44 **Alamy Stock Photo** : agefotostock (cl) ; Pump Park Vintage Photography (bl) ; Athikhun Boonrin (cr) ; RichardBakerItaly (bc). **Dorling Kindersley** : James Stevenson / Museo Archeologico Nazionale di Napoli (c). 45 **Alamy Stock Photo** : Granger Historical Picture Archive (br). 48 **Alamy Stock Photo** : Azoor Travel Photo (bl). **Dorling Kindersley** : James Stevenson / Museo Archeologico Nazionale di Napoli (tr). 49 **Alamy Stock Photo** : Eye Ubiquitous (tr) ; robertharding (bl) ; Science History Images (br). 52 **Dorling Kindersley** : Dreamstime.com : Alvaro German Vilela (clb) ; James Stevenson / Museo Archeologico Nazionale di Napoli (bl) ; James Stevenson / Museo Archeologico Nazionale di Napoli (cr). **Getty Images** : DEA / L. PEDICINI (b). 53 **Alamy Stock Photo** : Chronicle (tr) ; ONOKY - Photononstop (cr). 54 **Alamy Stock Photo** : Heritage Image Partnership Ltd (bl). **DigVentures** : (cl) ; Durham University (br). 54-55 **DigVentures.** 55 **Bridgeman Images** : (br). **DigVentures** : Durham University (cr). 58 **Alamy Stock Photo** : The Picture Art Collection (br). **Bridgeman Images** : British Library Board. All Rights Reserved (tl). **Shutterstock.com** : Alfredo Dagli Orti (cl). 59 **akg-images** : Heritage Images / Heritage Art (tc). **Alamy Stock Photo** : Daegrad Photography (tl) ; INTERFOTO (tr). **DigVentures** : Durham University (b). 60 **Alamy Stock Photo** : Science History Images (c). **Dorling Kindersley** : Peter Anderson / Universitets Oldsaksamling, Oslo (cra) ; Dave King / Museum of London (cla). 61 **Alamy Stock Photo** : Science History Images (tr). 62-63 **akg-images** : Pictures From History. 64-65 **Alamy Stock Photo** : robertharding. 64 **akg-images. Alamy Stock Photo** : Nila Newsom (cr). 65 **Alamy Stock Photo** : Jake Lyell (br). 66 **Alamy Stock Photo** : dave stamboulis (b) ; Igor Zhorov (tr). **Getty Images** : Selina Yau (tl). 68 **Alamy Stock Photo** : Ulrich Doering (cl). **Classical Numismatic Group, LLC.** : (bl). **Marilee Wood** : (cr). **S. Wynne-Jones/Songo Mnara Urban Landscape Project** : (br). 69 **Alamy Stock Photo** : Ulrich Doering ; Jason Gallier (cr). 71 **Alamy Stock Photo** : Heritage Image Partnership Ltd (c) ; Eric Lafforgue (tr) ; NSP-RF (bl). **© The Trustees of the British Museum. All rights reserved.** 72 **Alamy Stock Photo** : Nic Hamilton Photographic (crb). **Bridgeman Images.** 73 **Alamy Stock Photo** : Historic Collection (r/inset) ; Hemis. 80-81 **Shutterstock.com** : Kharbine-Tapabor. 82 **Alamy Stock Photo** : Metta image (tl). **Bridgeman Images. Crow Canyon Archaeological Center** : Wendy Mimiaga (cl). 83 **Alamy Stock Photo** : Zachary Frank (r/inset) ; mikeobiz. 84 **Alamy Stock Photo** : Cultural Archive (cl) ; Chuck Place (bl) ; Jean Williamson (bc). **Getty Images** : Doug Meek (tl). 86 **Dorling Kindersley** : iStock : joakimbkk (crb). **Getty Images** : DEA / A. Dagli Orti (cl). **Shutterstock.com** : DeltaOFF (bl). 86-87 **Getty Images** : R.M. Nunes (t). **Shutterstock.com** : Dmitry Rukhlenko (bc). 87 **Alamy Stock Photo** : agefotostock (br). 88 **Alamy Stock Photo** : Charles O. Cecil (tl); Veeravong Komalamena (tr). **Bridgeman Images** : Pictures from History / David Henley (bl). **Shutterstock.com** : Dale Warren (cl). 90 **Alamy Stock Photo** : Granger Historical Picture Archive (cr) ; Lordprice Collection (cl, c) ; IanDagnall Computing (bl). 90-91 **Getty Images** : Anna Gorin. 91 **Getty Images** : Austin Hou (br). 94 **© The Metropolitan Museum of Art** : (c). 95 **Alamy Stock Photo** : Zoonar GmbH (tl). **Dorling Kindersley** : Gary Ombler / University of Pennsylvania Museum of Archaeology and Anthropology (bl). 96 **Alamy Stock Photo** : Unlisted Images, Inc. (br). **Getty Images** : Markus Daniel (cr). 97 **Bridgeman Images** : Giancarlo Costa (br). **Getty Images** : Romina Moscovich / EyeEm (bl). 98-99 **Getty Images:** Istvan Kadar Photography. 100-101 **Getty Images** : DEA / W. BUSS (bl) ; DEA / W. BUSS (b/inset). 100 **Alamy Stock Photo** : CPA Media Pte Ltd (cl). 101 **Alamy Stock Photo** : V&A Images (bc). **Bridgeman Images.** 103 **Alamy Stock Photo** : Archive PL (bc) ; Historic Images (cr). **Dreamstime.com** : Jasonjung (tr). **© The Metropolitan Museum of Art.** 104 **akg-images. Alamy Stock Photo** : History & Art Collection (bl) ; Michael Snell (cl). 104-105 **Alamy Stock Photo** : Panther Media GmbH (t). 105 **akg-images. Alamy Stock Photo** : BIOSPHOTO (br). 107 **Alamy Stock Photo** : ap-photo (br) ; BIOSPHOTO (tr) ; Rosanne Tackaberry (c). 108-109 **naturepl.com** : Oriol Alamany. 110 **Alamy Stock Photo** : Album (cr) ; coward_lion (cl) ; The History Collection (bl) ; Art2010 (br). 110-111 **Shutterstock.com** : Kenan Yarici (t). 111 **Alamy Stock Photo.** 113 **Alamy Stock Photo** : Artokoloro (c) ; Oleksiy Maksymenko Photography (tr) ; B. David Cathell (bl) ; Heritage Image Partnership Ltd (br). 114 **Alamy Stock Photo** : Zvonimir Atletić (bl) ; Alexey Borodin (cla) ; Imaginechina Limited (cl) ; PlanetNextDoor (br). 114-115 **Alamy Stock Photo** : Ian Littlewood (t). 115 **Alamy Stock Photo** : Brent Hofacker (br) ; ZUMA Press, Inc. (bl). 118 **Alamy Stock Photo** : Betty Johnson (bl) ; LEJEANVRE Philippe (tl). 119 **Alamy Stock Photo** : CPA Media Pte Ltd (cr) ; PhotoStock-Israel (br). 120 **Alamy Stock Photo** : Don Bartell (cl) ; Jon Bower China (bl). 121 **Alamy Stock Photo** : Artokoloro (tc) ; Artokoloro (cr) ; BTEU / RKMLGE (br). 122 **SavyBoat Models.** 123 **Getty Images** : (br) ; Richard T. Nowitz (bl). **Library of Congress, Washington, D.C.**: (2007629014) (tc). **Shutterstock.com** : Steven Senne / AP (cr). **Marie Zahn** : (tr). 125 **Getty Images** : (cr, bl) ; Kathryn Scott Osler (br). **Marie Zahn.** 126 **Alamy Stock Photo** : Joanna Kalafatis (bl) ; Shelly Rivoli (cl) ; Dan Leeth (cr). **Getty Images** : Education Images (br). 126-127 **Getty Images** : Anna Henly (t). 127 **Alamy Stock Photo** : CPA Media Pte Ltd (br). 130 **Alamy Stock Photo** : dpa picture alliance (cl) ; David Wall (tc) ; INTERFOTO (bc, br). 131 **Alamy Stock Photo** : Noella Ballenger (bc). **Dorling Kindersley** : Neil Lukas (br). **Michael H. Piatt.** 132 **Alamy Stock Photo** : Unlisted Images, Inc. (cl). **Dustin LeBrun** : (bl). 133 **Alamy Stock Photo** : History & Art Collection (tr). **Library of Congress, Washington, D.C.** : (HABS CAL,26-BODI,2) (br). **Michael H. Piatt** : (cr). 134-135 **Lori Hibbett.** 136 **Alamy Stock Photo** : World History Archive (ca). **Getty Images** : Xavier Desmier (b). **NOAA** : Courtesy of Lori_Johnston RMS Titanic Expedition 2003 (cb). 136-137 **Getty Images** : Xavier Desmier (b). 137 **Alamy Stock Photo** : Panther Media GmbH (t). 144-145 **Alamy Stock Photo** : Everett Collection Inc. 146 **Alamy Stock Photo** : David Crossland (cl). **Dorling Kindersley** : Gary Ombler / Royal Artillery Museum, Royal Artillery Historical Trust (bl). **Imperial War Museum** : (Q_031465) (cr). 146-147 **Alamy Stock Photo** : Arterra Picture Library. 147 **Alamy Stock Photo** : Guido Vermeulen-Perdaen (br). 150 **Alamy Stock Photo** : dpa picture alliance (br) ; INTERFOTO (cr). 151 **Alamy Stock Photo** : INTERFOTO (tc) ; Panther Media GmbH (tr) ; Militarist (br). 152 **Alamy Stock Photo** : Paul Cox (cl). **Imperial War Museum** : (MUN_003239) (bl). 153 **Alamy Stock Photo** : Insook Gardiner (tr). **Dorling Kindersley** : Gary Ombler / Imperial War Museum (tc). **Imperial War Museum** : (Q_011655) (br). 154-155 **Getty Images** : adoc-photos.

Toutes les autres images ©Dorling Kindersley

Couverture :
première de couverture : Alamy Stock Photo. Aleksandar Nakovski tr ; © Le Conseil d'administration du British Museum. Tous droits réservés. : Peter Harper l ; Dorling Kindersley : Peter Harper / © Le Conseil d'administration du British Museum. Tous droits réservés. et Peter Harper / © Le Conseil d'administration du British Museum. Tous droits réservés. l ; Dreamstime.com : Liligraphie ; Getty images : karimhesham tl ; **Dos** : © Le Conseil d'administration du British Museum. Tous droits réservés : Peter Harper tl ; Dorling Kindersley : tl. Toutes les autres images : © Dorling Kindersley.